国語科重要教材の授業づくり

たしかな教材研究で読み手を育てる

「大造じいさんとガン」の授業

実践国語教師の会 監修
立石泰之 編
重廣 孝 著

明治図書

はじめに

今、日本の教育は激動の時代にあります。知識基盤社会化、グローバル化に対応すべく、世界に照準を合わせた教育改革が行われ、未来に生きる子どもたちの資質・能力の育成に向けて様々な政策が打ち出されています。学校現場では、新たな教科等の実施やＩＣＴ教育設備の活用など、従来の授業のあり方の見直しが求められています。

しかし、どんなに教育を取り巻く状況や授業の方法が変化しても変わらないものもあります。それは、学習者としての「子ども」、指導者としての「教師」、両者を関わらせる学習内容としての「教材」という三つの要素が授業の成立には不可欠だということです。

そして、子どもたちが主体的に学習する原動力となるのは、やはり課題意識です。教科の本質や内容に迫る子どもたちの問いをいかにしてつくり出すか、教師の力が問われています。

では、どのようなものが価値ある問いであり、その問いをつくり出させるために教師は何をすればいいのでしょうか。

それには、まず何よりも教師の教材を分析する力が必要です。授業を構成する要素である教材を分析し、その「価値」を教師が見出すことができなければ、授業の中で子どもたちに気づかせたり、考えさせたりすることはできません。

現在、使用されている国語の教科書には、長い間掲載されてきた文学教材が数多くあります。

なぜ、これらの文学教材は、多くの教師や学校現場で支持され続けてきたのでしょうか。それは、その教材で子どもたちを学習させる「価値」を多くの教師が感じてきたからに他なりません。そして、多くの先達が、その「価値」に子どもたちを迫らせるための読ませ方を研究・実践してきました。

本シリーズでは、そのような教材を国語科における「重要文学教材」と位置づけ、教材分析・解釈を通してそれらの教材の「価値」に迫るとともに、どのようにしてその「価値」に迫る読み方を子どもたちにさせていくか、授業づくりのステップに合わせて構成しています。

本シリーズは、基本的に次のような三つの章で成り立っています。

第一章　教材を分析・解釈する力を高めよう
第二章　指導方法を構想する力を高めよう
第三章　板書と思考の流れで展開がわかる授業

本シリーズを読み、読者のみなさんにもいっしょに考えていただくことで、今後の授業づくりの一助になれば幸いです。

立石　泰之

目次

第2章 指導方法を構想する力を高めよう

第3章 板書と思考の流れで展開がわかる 実践！「大造じいさんとガン」の授業

〈注〉教科書の引用箇所に出典表記がないものに関しては、平成27年度版光村図書5年を使用しています。

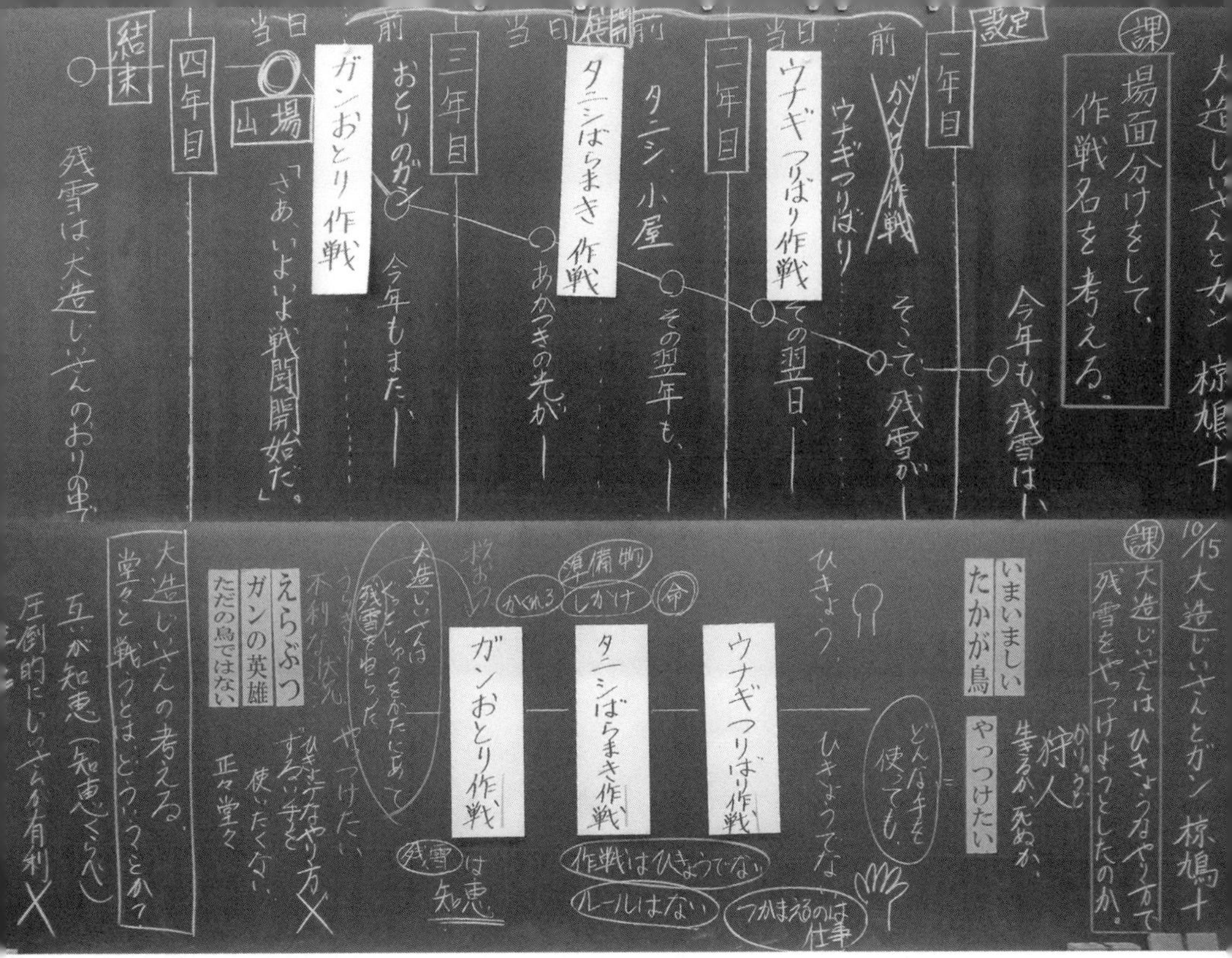

第1章

教材を分析・解釈する力を高めよう

1

読者として教材と出合おう

教材研究とは、**「教材の分析・解釈」**と**「指導方法の構想」**のことです。指導方法を構想していくためには、何よりもしっかりとした教材の分析・解釈が重要です。

私たち教師は、授業を計画する際に、まず指導すべきこと、教えるべきことは何かを探しがちです。手っ取り早いのは、教科書の指導書を開くことでしょう。指導書を見れば、単元だけでなく、一単位時間の目標もすぐにわかります。また、教材の中の重要な語句やその意味までも解説してあり、大変便利です。十分に教材研究されている指導書に書いてある指導案通りの授業を行っていくことで、指導者としては安心することができます。

しかし、そのような授業を積み重ねていくことは、授業づくりにおける多くの弊害を生み出しかねません。

第一に、子どもたちが授業を楽しいと感じなくなります。一体、なぜでしょう。

それは、指導者の目線で授業がつくられているからです。指導者の目線でつくられた授業は、誘導的になりがちです。子どもたちに「言わせよう」「気づかせよう」とするあまり、結果的に子どもたちが自分の解釈について考えるのではなく、指導者の頭の中にあることばを言い当てることに躍起になってしまうことがしばしばあります。そうなると、少数の理解できる子だけが発言する授業になってしまいがちです。

第二に、「何を指導すべきか」から始まる教材分析を行っていくと、物語を読む読者の心の動きや感動を感じにくくなります。

教科書に掲載されている物語の多くは、教材にするために書かれたものではありません。文学は、私たち読者に読むことを通して、他者と出会わせ、自己を見つめさせ、人間の本質を感じ取らせます。教室の子どもたちもまた教材として文学と出会い、読者として心を動かされています。そして、学習へと突き進む原動力を得るのです。その心の動きを理解することこそ、学習者である子どもたちの目線で授業をつくる力へとつながっていきます。

▲指導者として出会う
文学の教材研究のスタート

▲読者として出会う
文学の教材研究のスタート

第三に、教科書の指導書任せの教材研究を続けていくことで、指導者自身の教材を分析・解釈する力を高められなくなります。

文学的な文章は、すべてのことばがつながり合い、響き合って、物語の世界を読者の頭の中に描き出します。物語を読んで生まれた一つの感情やイメージは、いくつもの文章中のことばがつながって生まれたものです。指導者自身が一人の読者として物語と向き合い、自分の中に生まれた感情やイメージがどのことばから生まれてきたものかを考え、その理由を考えていくことこそが教材を分析・解釈する力へとつながっていくのです。そうすれば、教科書の指導書に載っている重要語句が挙げられている理由もわかるようになりますし、指導書に頼らなくても指導者自身で見つけられるようになっていきます。

教材研究のスタートは、まず一人の読者として作品を読んでみましょう。そして、心に感じたことの根拠と理由を作品の中に探していきましょう。

2 教材「大造じいさんとガン」を読み解こう

まず、「大造じいさんとガン」を読んでみましょう。指導者として解説付きの教材文を読むのではなく、一人の読者として物語「大造じいさんとガン」を読みます。あなたの心にどんな感情や思いが浮かんできましたか。

「大造じいさんとガン」を読むと、多くの読者の心の中に「勇敢だな」「清々しい」という感情が湧き上がってきます。このことは、大人だけでなく、学習者である子どもたちも同じです。まずは、「大造じいさんとガン」を読んだ子どもたちの初発の感想の一部をご紹介します。

Ⓐ「大造じいさんとガン」を読んで、ぼくは残雪はすごいと思いました。理由は、大造じいさんのわなにひっかからないくらいかしこいし、おとりのガンを助けるために、ハヤブサに飛びこんでいったからです。ぼくだったらなかまを助けるためでもこわくてできません。

Ⓑ「大造じいさんとガン」を読んで、大造じいさんはすごい人だと思いました。理由は、何度も何度もあきらめずに残雪をつかまえるためにいろいろなことをしていたからです。でも、そこまでしているのに残雪をやっつけないのはなぜかなと思いました。

Ⓒわたしは、はじめは残雪をいまいましく思ってやっつけようといていた大造じいさんが、ひきょうなやり方でやっつけたくないと思って傷ついた残雪を助けたところがすごいと感じました。最後の場面で、

「ひきょうなやり方でやっつけたかあないぞ。どうどうと戦おうじゃないか。」

と言っているところは気持ちがいい感じがしました。こんなふうになったのは大造じいさんが残雪をただの鳥じゃなくて、がんの英ゆうだと認めたからだと思います。

Aの感想を書いた子は、残雪の行為からその「かしこさ」や「勇気」に感動しているようです。

Bの感想を書いた子は、大造じいさんのあきらめずに取り組む姿勢に心を動かされながらも、残雪を捕らなかったことへも疑問をもっています。

Cの感想を書いた子は、大造じいさんの残雪に対する見方の変化に気づいています。さらに、最後の場面に清々しさを感じているようです。

読者の多くは、初読の段階で、大造じいさんがハヤブサとの戦いで傷ついた残雪を捕らなかった場面と残雪を見送った場面に心を動かされます。

この読み終えた後の感動や疑問が、その後の作品を読んでいく原動力となります。

いかがでしょうか。初めて「大造じいさんとガン」を読んだ五年生の子たちも私たち大人と変わらないような感想をもっていると思いませんか。

一体、なぜでしょうか。

それは、作品の中に私たち読者にそう感じさせる「しかけ」があるからなのです。

では、なぜ多くの読者の中にこのような感情や疑問が湧き上がってくるのか、そのひみつについて教材を分析・解釈していきましょう。

(1) 教科書における「大造じいさんとガン」の扱い

椋鳩十の作品である「大造じいさんとガン」が初めて教科書に登載されたのは、昭和二十六年。半世紀以上もの間、人々に愛され続けてきた本作品は、現在では全ての教科書で採用されています。

●二つの文章と物語のイメージ

しかし、「大造じいさんとガン」の文章は出版社によって、大きく二つの文章に分かれます。これは、小学校の国語科の教科書教材としてはきわめて例外的なことです。

一つは『少年倶楽部』誌一九四一年十一月号に掲載された「動物物語大造爺さんと雁」を底本にしている教育出版社掲載の文章で、もう一つは初刊本『動物ども』(一九四三年五月、三光社)に収録された「大造爺さんと雁」を底本としている光村図書出版社掲載の文章です。大きな違いは「前書」の有無と文体の違いです。これらの違いによって次ページの表にまとめたように読み手が抱く作品のイメージにも違いが生じてきます。読み手が抱く作品のイメージの違いについては、これからの教材の分析・解釈で詳しく説明をします。

テキストの違いによって読み手が抱く作品のイメージの違い

	光村図書版 「前書」有・敬体	教育出版版 「前書」無・常体
舞台設定	明確になる	明確にならない
語り手の物語への登場	登場する	登場しない
大造じいさんの年齢	壮年（老年）	老年
大造じいさんのイメージ	慕われる 話し上手	孤独
大造じいさんの設定に伴う 残雪のイメージ	力強さ・風格	経験・知恵
文体の効果	やわらかさ	緊張感・迫力
残雪に戦いを挑む 大造じいさんの状況や思い	楽しみ・挑戦	深刻・怒り

●大まかな物語の内容

物語は、中心人物である大造じいさんの心の動きを描きながら展開していきます。言うまでもなく、中心人物の大造じいさんの変容に大きな影響を与える重要な存在が残雪です。

「大造じいさんとガン」は、簡単に言えば、ガンの頭領である残雪に対する大造じいさんの見方の変化を描いた物語です。残雪のことを「たかが鳥」としか考えていなかった大造じいさんが、残雪との間に繰り広げられる戦い（知恵比べ）や、残雪の頭領らしい勇敢な行動や堂々たる態度に触れることで、残雪を「がんの英雄」、「えらぶつ」と認めていくという内容です。それを読む中で、多くの読者の中に「勇敢だ」、「清々しい」といった感情が生じてきます。

では、「大造じいさんとガン」が、なぜわたしたち読者にこのような感情を生じさせるのか――、その視点から作品を読んでみましょう。

大造じいさんは、このぬま地をかり場にしていたが、いつごろからか、この残雪が来るようになってから、一羽のガンも手に入れることができなくなったので、いまいましく思っていました。

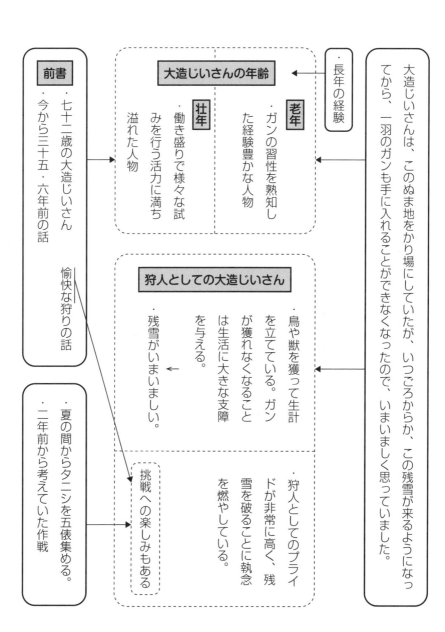

・長年の経験

大造じいさんの年齢

老年

・ガンの習性を熟知した経験豊かな人物

壮年

・働き盛りで様々な試みを行う活力に満ち溢れた人物

狩人としての大造じいさん

・鳥や獣を獲って生計を立てている。ガンが獲れなくなることは生活に大きな支障を与える。

←・残雪がいまいましい。

・狩人としてのプライドが非常に高く、残雪を破ることに執念を燃やしている。

挑戦への楽しみもある

前書

・七十二歳の大造じいさん

・今から三十五・六年前の話

愉快な狩りの話

・夏の間からタニシを五俵集める。

・二年前から考えていた作戦

（2）主人公「大造じいさん」の設定を読もう

中心人物である大造じいさんの変化について考えてみましょう。人物の変化を考えるためには、最初にどんな人物であったか、その「設定」を読むことが大切になります。

まず、物語の舞台について考えてみましょう。

この物語が展開される場所は沼地です。この沼地は大造じいさんが「狩り場」にしているところであり、残雪が率いるガンの群れがえさ場にしているところです。

「前書」がある場合は、物語の舞台の沼地が栗野岳のふもとであることがわかり、舞台の場所が明確になります。ちなみに、栗野岳とは、鹿児島県に実際にある山です。物語の舞台である沼地は、実際に存在する三日月池が舞台になっていると言われています。

作者の椋鳩十は大学卒業後、鹿児島県で一生を過ごしました。椋鳩十は動物の生態を狩人への取材や精力的なフィールドワークによって調べ、栗野岳を舞台にした作品を多く残しました。

時代は明確に書かれてはいませんが、ガンを捕ることが禁止される前の話という注釈から明治時代後半から大正時代の頃と考えることができます。

明治時代に一般の人の狩猟が解禁され、ガンは乱獲されたそうです。当時は銃を使った狩猟が基本でした。「前書」がある場合は、「いろり」や「自在かぎ」「なべ」「山家のろばた」といったものが描かれたり、「今から三十五、六年も前、まだ栗野岳のふもとのぬま地に、ガンがさかんに来たころの、ガンがりの話もありました。」と書かれたりしていることから、より時代をイメージすることができます。

ただし、子どもたちには、時代を明確にするよりも、「いろり」や「自在かぎ」、「たたみ糸」、「ぬま地」などが出てくるだいぶ以前の物語であるというイメージをつくることができれば十分でしょう。

では、大造じいさんの設定を読んでいきましょう。

●大造じいさんの年齢

年齢についてはこれまでも様々な論議がありました。年齢の問題ははじめに書いた「前書」の有無とも大きく関係してきます。

まず、「前書」がない場合から考えていきましょう。

本文には大造じいさんの年齢ははっきりと書かれていません。ですから、「じいさん」という本文中の表記から老年としてとらえることになります。これは自然な読みです。

次に「前書」がある場合を考えてみましょう。

「前書」には、大造じいさんは七十二歳であり、今から三十五、六年も前の話と書かれています。ですから、残雪とのエピソード時の大造じいさんの年齢は三十六・七歳の壮年の人物としてとらえることになります。

ただし、「前書」がある場合でも、次の文の解釈によっては老年としてとらえることができます。

「わたしは、その折の話を土台として、この物語を書いてみました。」

物語の中の語り手は、「実在する」人物である「大造じいさん」から聞いた話を土台として「創作した」物語であると述べています。ですから、語り手（作者である椋鳩十とは異なる存在）によって本文は「創作された」話として読むことができそうです。すると、「前書き」に登場する「大造じいさん」と物語の中の大造じいさんとは別の人物ととらえることができます。

このように考えると、「前書」がない場合と同じように、物語の中の大造じいさんは、「じいさん」という表記にしたがって老年の人物としてとらえることもできるのです。そうすると、第三場面にある「長年の経験で」という表現とも矛盾しなくなります。

●狩人としての大造じいさん

では、本文をもとに「大造じいさん」の設定をさらに詳しく読んでいきましょう。

本文には大造じいさんのことについて、作品の冒頭に次のように書かれています。

「大造じいさんは、このぬま地をかり場にしていたが、いつごろからか、この残雪が来るようになってから、一羽のガンも手に入れることができなくなったので、いまいましく思っていました。」

いまいましいとは、「非常に腹立たしく感じること」です。では、大造じいさんが残雪に対してどうして腹立たしく思っているかを考えてみましょう。

大造じいさんは狩人です。狩人は猟師とも呼ばれ、「鳥や獣をとって暮らしをたてている人」のことです。大造じいさんは狩人ですから、決して趣味や娯楽のためではなく、生活のために狩りを行っています。ですから、「一羽のガンも手に入れることができなくなった」というのは深刻な問題なのです。なぜなら、獲物を捕ることができなければ、自分自身が生きていけなくなってしまうからです。もちろん、大造じいさんはガンだけを捕っていたのではないと思いますが、それでもガンが一羽も捕れない状況は生活をする上で非常に困るはずです。だからこそ、大造じいさんは残雪のことをいまいましく思っているのです。

狩人という設定、生活のために狩りを行っているという前提条件が理解されないでいると、大造じいさんの人物像に対する誤った読みが生まれます。たとえば、宮沢賢治の「注文の多い料理店」に出てくる二人の紳士のように「狩りを楽しむために、様々な計略を考えた。」という狩りを娯楽として楽しんでいるという誤った読みや「残雪がきらいだから、しつこくやっつけようとした。」という感情だけで行動しているという誤った読みです。どちらも大造じいさんのイメージが否定的なものになっています。ちなみに、これらの誤った読みは、実際に「狩人」という設定をきちんと押さえずに指導したときに子どもたちから出てきた読みです。このことからも、「狩人」という設定は大造じいさんの人物像を形成する上で非常に重要になることがわかります。

ただし、大造じいさんが狩人であり、そのために残雪をいまいましく思っているという設定も「前書」の有無によって、読み手の抱くイメージが違ってきます。

それは、端的に言えば、残雪に戦いを挑む大造じいさんの状況や思いの違いです。

「前書」がない場合は、「現在」進行している物語のように描かれ、ガンが一羽も捕れないという状況を考えると、読者に深刻さや緊張感が強くイメージされます。生活のために狩りを行っているのに、一羽も捕れないことは、大造じいさんにとってはまさに死活問題となります。そのため、残雪に対して怒りをもって戦うイメージが読み手に生じてきます。

一方、「前書」がある場合は、残雪との戦いに対するイメージが変わってきます。「前書」があると、語りを聞いているような雰囲気の中で、大造じいさんが「イノシシがり」もしていることや残雪との戦いが「愉快なかりの話」の中の一つであることがわかります。すると、残雪への挑戦を楽しんでいるイメージが読み手に生じてきます。

このように、「前書」の有無によって、残雪に戦いを挑む大造じいさんの状況や思いが違ってきます。

ただ、どちらの場合であっても、「狩人」という設定を押さえなければ、大造じいさんと残雪との関係、大造じいさんが残雪のことをいまいましく思っている理由を読み誤ってしまうことになってしまいます。

●残雪を侮る大造じいさん

先ほど、大造じいさんが残雪をいまいましく思っていたことやその理由について述べました。それ以外にも本文には大造じいさんの残雪に対する見方がわかる文があります。

「大造じいさんは、たかが鳥のことだ、一晩たてば、またわすれてやって来るにちがいないと考えて、昨日よりも、もっとたくさんのつりばりをばらまいておきました。」

はじめの時点では、大造じいさんは残雪に対して「いまいましい」とは思っているものの、残雪を他のガンと同一視しています。それが「たかが鳥のことだ、一晩たてば、またわすれてやってくるにちがいない」というように賢さに欠ける存在として見ています。第三場面の「長年の経験で」という表現からもわかるように、素人の判断ではなく、鳥の習性や能力を熟知し、狩りをしてきた大造じいさんだからこそ、この時点では、まだ残雪を「ただの鳥」だととらえ、侮っています。

●大造じいさんの執念

また、大造じいさんは非常にプライドの高い狩人であるようです。残雪が来たことを知ると「かねて考えておいた特別な方法」であるつりばりの計略を一晩中かかってしかけるのです。

このつりばりの計略を破られても、次の年、今度は夏のうちからタニシを五俵も集めて、それをばらまく計略を行います。さらに、このタニシをばらまく計略が破られても、翌年には、おとりのガンを使う計略へと変わっていきます。

ここで注目したいのは、ガンを捕るために何度も何度も計略を考え、実行していることです。残雪に関わっているとガンが一羽も捕れないわけですから、残雪の群れを諦めて狩り場を変えることも考えられます。しかし、大造じいさんは、残雪の群れのガンを捕るために何度も何度も計略を考えていくのです。

これらの計略には大変な作業が伴います。一年目の一晩中かけてタニシをウナギつりばりつけ、それをしかけていくことの大変さは、比較的想像しやすいでしょう。しかし、二年目にタニシを五俵も集める作業の大変さは想像を絶するものがあります。そこには並々ならぬ苦労があったはずです。

これらのことを注意深く読んでいくと、大造じいさんがガンを捕るために執念を燃やしていたことが鮮明にイメージされます。

同様に、準備期間を見ても大造じいさんの執念を感じることができます。

準備期間は、はじめの年は「一晩中」かけてウナギつりばりなどをしかけたのでしたが、二年目には「夏のうちから」タニシを集めています。さらに、おとりのガンに至っては「このガンを手に入れたときから」おとりに使うことを考え、二年間をかけて大造じいさんの口笛に反応するくらいになつくようにしています。

これらのことから、大造じいさんのガンを捕ろうとする執念、そのために様々に知恵を働かせ周到に準備をしている姿をイメージすることができます。

●大造じいさんは孤独？

本作品では、登場人物は大造じいさんだけです。第一場面から第四場面を見ても他の人物は出てきません。このような状況だと、大造じいさんは孤独な職人としてイメージされます。まるで、俗世間との関係を絶った隠者のようです。

しかし、「前書」があると、そのイメージは変わってきます。「前書」には、「知り合いのかりゅうど」「イノシシがりの人々は、みな…集まりました。」「なかなか話し上手」と書かれています。

ここを読めば、大造じいさんは孤独な人物ではなく、むしろ多くの狩人から慕われている、リーダー性のある人物としてイメージされます。そうすると、第三場面での頭領としての残雪の姿に共感し、強く心を打たれる大造じいさんの姿ともつながってきます。「前書」がある場合、仲間をまとめ、導くリーダーとしての残雪と大造じいさんとの共通点のようなものも見えてきます。

このように、「前書」の有無によって大造じいさんの人物像も変わってくるのです。

大造じいさんの残雪に対する見方の変化

・いまいましい　・たかが鳥
・あの残雪　・りこうなやつ

→ 腹立たしい
侮る

・「ううむ。」と思わず感嘆の声をもらす。
・どうしてなかなか、あの小さい頭の中に、たいしたちえを持っているものだな

→ 感心している
まだ少し侮る

・「ううん。」とうなってしまう。
・あの残雪め

→ 感心している
余裕がなくなる

・ただの鳥に対しているような気がしない
・「おれたちは、また堂々と戦おうじゃあないか。」
・えらぶつ　・ガンの英雄

→ ライバル
鳥以上の存在
人間と同等

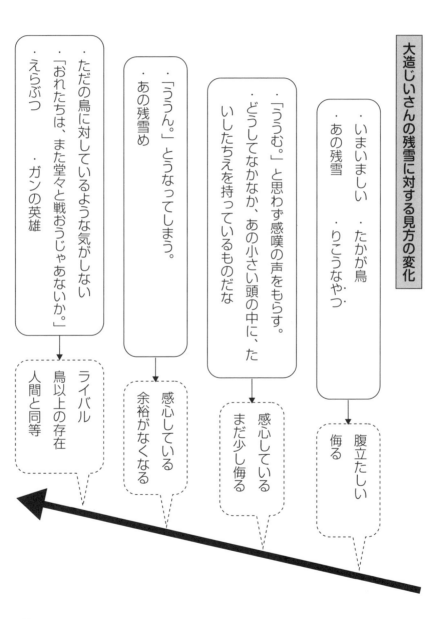

（3）大造じいさんの変容を読もう

「設定」を読んだら、大造じいさんの変化について考えてみましょう。どこで変わったのか、どのように変わったのか、なぜ変わったのかの観点から、作品を読み直してみましょう。

子どもたちが初めて本教材を読むと、「大造じいさんが優しくなった」と考える子も少なくありません。確かに大造じいさんは、物語の中で大きく変化していますが、その性格が優しくなったわけではありません。最初の児童の感想にもあったように、はじめは残雪をいまいましく思っていた大造じいさんが、最後にはただの鳥ではなく、ガンの英雄、自分のライバルとして認めていくという残雪への見方を変化させていくのです。

では、大造じいさんの残雪に対する見方の変化について考えてみましょう。

●大造じいさんの心の変化とは

大造じいさんの変化が大きく感じられる場面として、読者には第三場面が強く心に残りますが、大造じいさんの最初の心の変化は、第一場面の最後から生じています。

大造じいさんは一年目のつりばりの計略が残雪によって破られたとき、「ううむ。」と思わず感嘆の声をもらしてしまいます。感嘆とは「深く感心してほめること」という意味です。「ガンとかカモとかいう鳥は、鳥類の中で、あまりりこうなほうではないといわれていますが、どうしてなかなか、あの小さい頭の中にたいしたちえを持っているものだなということを、今さらのように感じたのでありました。」と述べられ、いまいましいという思いをもちながら、残雪に対して感心している変化を読み取ることができます。一方で、「どうしてなかなか、あの小さい頭の中にたいしたちえを持っているものだな」ということばからは、残雪のことをまだ侮っている感じを受けます。

しかし、二年目のタニシをばらまく計略を破られたときは、残雪の機転の利いた行為を見て、「大造じいさんは（中略）『ううん。』とうなってしまいました。」とだけ書かれて場面が終わっています。うなるとは、力を入れたり苦しんだりするときに、低い声を長く出すことで、「思わず声を出すほど感心する」ことを意味します。ここでも、残雪の行為に対して感心する気持ちが生じたことがわかります。しかし、一年目とは違い、「うなってしまいました。」で終わっていることから、大造じいさんの残雪を侮る気持ちが徐々になくなってきていることが感じられます。以前と比べ、大造じいさんは残雪を認めてきていると解釈することができます。

このように、大造じいさんは少しずつ残雪に対する見方を変えているのです。

●呼称の変化から

残雪に対する見方を変えていったことは、呼称の変化からも読み取ることができます。

第一場面から第三場面までは、大造じいさんは残雪のことを「あの残雪」「りこうなやつ」「あの残雪め」と呼んでいます。ところが、第四場面では「ガンの英雄」「えらぶつ」「おれたち」と残雪に語りかけています。

この呼称の変化を考えるとき「ごんぎつね」が思い出されます。ごんのことを「ぬすっとぎつね」「ごんぎつね」と呼んでいた兵十が、ごんのつぐないに気づいたときには「ごん」と呼びかけます。**呼称はその人物と対象となる人物との心理的な距離を表します。**ですから、呼称は人物の関係を読み解くのに重要な観点です。

さて、はじめは大造じいさんは残雪のことを「残雪」や「やつ」と呼んでいました。しかし、最後には「がんの英ゆう」「えらぶつ（えらいやつ）」と呼ぶようになります。さらには「おれたちは、また堂々と戦おうじゃあないか。」と「おれたち」と呼びかけるのです。この時点で大造じいさんは残雪を自分と同等の存在として見ていることがわかります。

感嘆の声をもらしたり、うなったりしていた第一場面や第二場面では残雪に対する見方は変わりますが、呼称は変化していません。さらに、第三場面の途中までは「あの残雪め」と呼んでいます。つまり、第三場面の途中から第四場面にかけて、大造じいさんが決定的に変わる瞬間があるのです。

●強く心を打たれる大造じいさん

大造じいさんの残雪に対する見方は、どこで「決定的」に変わったのでしょうか。

第三場面の「が、なんと思ったか、再びじゅうを下ろしてしまいました。」のところを大造じいさんが「決定的」に変わった瞬間であるとする解釈もあるようですが、銃を下ろすところでは、まだ大造じいさんは「決定的」に変わったとは言えません。

大造じいさんが「決定的」に変わった瞬間は、「大造じいさんは、強く心を打たれて、ただの鳥に対しているような気がしませんでした。」のところであると考えられます。なぜなら、はじめは残雪に対して「たかが鳥」ととらえていた大造じいさんの見方から「ただの鳥に対しているような気がしない」と変化したことが語り手によって明確に語られているからです。

語り手は大造じいさんの内面を語ることができます。つまり、ここで、大造じいさんは自分の中での残雪に対する見方の変化を自覚したと言えます。

それでは、第三場面で大造じいさんの残雪に対する見方は、どのように変わっていったのでしょうか。

●大造じいさんを変えた残雪の英雄的行為

大造じいさんが「ただの鳥に対しているような気がしない」と残雪に対する見方を変えた、変化のきっかけとなった出来事を考えてみましょう。

まず、第三場面の重要な出来事として、ハヤブサにおとりのガンが襲われたときに残雪が助けに来た場面を考えます。

残雪がおとりのガンを助けたことは、間違いなく大造じいさんの残雪に対する見方に大きな影響を与えています。それは、第四場面で「ガンの英雄」「えらぶつ」と残雪に呼びかけていることからもわかります。英雄とは「勇気と才能があり、りっぱなことをやりとげた人」のことです。仲間（おとりのガン）を助けるために、自分よりも強い存在であるハヤブサに命懸けで戦いを挑む残雪の行為は勇気があり、まさに英雄的行為であるということができます。第四場面のことばは、この英雄的行為とつながっていると考えられます。

残雪のそのような姿を目の当たりにして、大造じいさんの中にはどのような変化が生じたのでしょうか。

それを考えるためには、大造じいさんがなぜ銃を下ろしたのかを知る必要があります。「じゅうを下ろしてしまいました。」の文に続いて「残雪の目には、人間もハヤブサもありませんでした。ただ救わねばならぬ仲間のすがたがあるだけでした。」と書かれています。ここから、大造じいさんが銃を下ろした理由を考えることができます。

一度は残雪に銃の照準を合わせ、ねらいを定めた大造じいさんが、おとりのガンを救うためにハヤブサへ突進する残雪の様子を見て銃を下ろしたことについて、いくつかの理由が考えられます。

一つ目は、残雪の行動が理解できずに、「一体何をしているのだろう」と単に不思議に思って銃を下ろしたという考えです。

しかし、その考えは後の「残雪の目には、人間もハヤブサもありませんでした。ただ、救わねばならぬ仲間のすがたがあるだけでした。」という一文から違うことは明らかです。

この一文は、地の文で語り手が残雪の視点から語ったとも考えられますが、大造じいさんが銃を下ろした理由として、大造じいさんが見た（思った）残雪の姿を語り手が語ったものであるとも読めます。自らの命の危険を顧みず、仲間を助けようとする残雪の姿を見た大造じいさんは、何かを感じ取ったのです。「が、何と思ったか」と述べているのは、省略していいような思いだから省いたのではなく、むしろ重要なポイントだからこそ語り手が人物の内面の全てを語らずに、読者に考えさせようとしているのだと考えることもできます。

二つ目は、この後の成り行きに興味があって見てみようとしたというものです。ハヤブサに突進していく残雪の姿は、長年狩人をしてきた大造じいさんでさえ初めて見た光景でしょう。この後どうなるかを見てみようという気持ちが生じたかもしれません。

三つ目は、ここで銃を撃って残雪を捕ることは狩人としてのプライドが許さなかったという考えです。

ハヤブサの登場という思いがけない出来事によって、大造じいさんは残雪を倒す絶好の機会を得ることになります。しかし、その機会は大造じいさんが考えた計略によってではなく、残雪が仲間を救うためにハヤブサに戦いを挑んだことで生まれた状況です。

まさに漁夫の利を得る状況だと言えるでしょう。しかも、残雪が命を懸けて助けようとしているのは、大造じいさんが飼い慣らしていたガンなのです。このような状況で残雪を倒すことは、大造じいさんの狩人としてのプライドが許さなかったと考えられます。言い換えると、自らが知恵を振り絞って考えた計略で残雪に勝たなければ意味がないと判断したのでしょう。

（このことについては、詳しくは「狩人としての生き方の自覚」の項で後述します。）

銃を下ろしたところは、大造じいさんが自身の狩人としてのプライドを自覚し、信念に従って行動した瞬間であり、残雪に対する見方の「決定的」な変化への「起点」となった瞬間であると言うことができるでしょう。

●「大造じいさんはかけつけました。」が意味するものとは

ハヤブサとの戦いでもつれ合った残雪は沼地に落ちていき、大造じいさんは二羽の鳥の元へ駆けつけます。大造じいさんは、なぜ走って行ったのでしょうか。

このことを子どもたちに問うと、大きく次の三つのような考えが出されます。

「残雪を捕まえようと思った。」

「対決の結果が知りたくて見に行った。」

「残雪が心配で見に行った。」

多くの子は「対決の結果が知りたくて見に行った。」「残雪が心配で見に行った。」と考えるようですが、「まだチャンスがあれば、残雪を捕まえようとしている。」と考える子も少なくありません。

このような違いが生まれるのは、この時点で大造じいさんの心の変化が明確にされていないことが原因です。

ちなみに教科書（平成27年度版）の挿絵を見てみると、銃を持たずに残雪に近寄っている大造じいさんの絵を載せているのが二社、銃を肩にかけて残雪を抱きかかえている絵が一社、挿絵を掲載していないのが二社となっています。

●残雪の頭領らしい堂々とした態度が揺り動かす

残雪がおとりのガンを助けた出来事は、大造じいさんの残雪に対する見方を変える「起点」となりました。そして、その後のハヤブサとの戦いで傷ついた残雪の様子が大造じいさんの心をさらに揺り動かします。

「残雪は、むねの辺りをくれないにそめて、ぐったりとしていました。しかし、第二のおそろしい敵が近づいたのを感じると、残りの力をふりしぼって、ぐっと長い首を持ち上げました。そして、じいさんを正面からにらみつけました。」

「むねの辺りをくれないにそめて、ぐったりとしていました。」とあるように、残雪は大きな傷を負っています。おそらく大量の血を流し、ぐったりしている様子から、体力的にも限界に近い状態だと考えられます。このように傷つき、体力的にも限界に近い残雪の前に、自分の命を奪おうとする「第二のおそろしい敵」である人間、つまり大造じいさんが近づいてきます。

このような状況で普通ならば逃げ出したり鳴きわめいたりするでしょう。これは鳥に限ったことではなく、人間でもそうかもしれません。強敵のハヤブサでさえ、「人間のすがたをみとめると、急に戦いをやめて、よろめきながら」逃げていくのです。しかし、残雪は逃げようとして慌てるどころか、残りの力をふりしぼり、長い首を持ち上げて、大造じいさんをにらみつけます。そして、大造じいさんが手を伸ばしてもじたばたしないのです。

このような姿に対して、語り手は「それは、鳥とはいえ、いかにも頭領らしい、堂々たる態度のようであり」、「最期の時を感じて、せめて頭領としてのいげんをきずつけまいと努力しているようでもあ」ると大造じいさんの心の中を語ります。

子どもたちは「最後」と「最期」の違いには気づきにくいので、ここでことばの意味を理解させることが大切です。それによって、残雪の置かれた危機的な状況や死に対する覚悟も具体的にイメージさせることができます。

また、そのように大造じいさん側ではなく、残雪の側に立って置かれた状況を理解することで、本当の意味で「いげん（威厳）」ということばの意味を理解することができます。「いげん（威厳）」とは、「近寄りがたいほど堂々として厳かなこと」です。辞書的な意味と死の瀬戸際に立たされても取り乱さない残雪の姿のイメージとをつなげることで、大造じいさんの受けた感動を読者である子どもたちも感じることができます。
大造じいさんは、残雪が長い首を持ち上げにらみつけたり、手を伸ばしてもじたばたしたりしない毅然とした態度から、「近寄りがたいほど堂々として厳かなもの」を感じたのでしょう。だからこそ、「大造じいさんは、ただの鳥に対しているような気がしませんでした。」と残雪に対する見方を「決定的」に変えることになるのです。

●狩人としての生き方の自覚

さて、最後の場面で大造じいさんは残雪に対して次のように呼びかけます。

「おうい、ガンの英雄よ。おまえみたいなえらぶつを、おれは、ひきょうなやり方でやっつけたかあないぞ。なあ、おい。今年の冬も、仲間を連れてぬま地にやって来いよ。そうして、おれたちは、また堂々と戦おうじゃあないか。」

「ひきょうなやり方でやっつけたかあないぞ」「また堂々と戦おうじゃないか」と呼びかけていますが、大造じいさんは残雪をひきょうなやり方でやっつけようとしたのでしょうか。大造じいさんの考える「ひきょうなやり方」「堂々と戦う」とはどういうことなのでしょうか。

まず、「ひきょうなやり方でやっつけようとしたのか」について考えてみましょう。銃を使うこと自体がひきょうだと考える読み手もいますが、狩人という職業を考えれば、それは問題ないと考えるのが妥当です。銃を使わずに狩猟を行うことはできません。

では、計略を行うことがひきょうなのでしょうか。これについても大造じいさんが狩人であることを考えれば、ひきょうではないと考えるのが妥当です。大造じいさんは最後の場面で「また堂々と戦おうじゃないか」と呼びかけています。「また」ということばから、これまでの計略も堂々と戦っていたと考えていたことが読み取ることができます。動物の習性や能力を熟知した経験豊かな狩人だからこそ、その習性を利用して狩りを行うことは至極自然なことでしょう。残雪との知恵比べは、大造じいさんにとっては堂々と戦うことなのです。

大造じいさんがひきょうだと考える部分があるとしたら、それは、残雪がハヤブサに向かっていくところで残雪を銃でねらったことだと考えられます。漁夫の利のような状況、つまり自分が考えた計略ではなく、偶然訪れた状況で相手を倒すことがひきょうだと考えたのです。ましてや、残雪は大造じいさんのおとりのガンを仲間と思い、頭領として守るために命がけで戦っている状況です。つまり、自分の知恵や力とは関係のない状況下で相手を倒すことは認められないのです。また、傷ついた残雪を前にして捕らなかったことから、相手が傷を負った状態、つまり万全ではない状態で仕留めることもよしとしないのです。それは、狩人としてのプライドがそうさせるのでしょう。

このことから考えると、大造じいさんが考える「堂々と戦う」とは、自らが知恵をふりしぼって考えた計略で残雪を破ることだとわかります。

大造じいさんは残雪の頭領としての姿や関わりを通して、改めて自分の中にある狩人としての信念に気づかされたと読み取ることもできます。それが大造じいさんのことばとなって残雪へ語りかけられたのかもしれません。

（4）対人物「残雪」について分析しよう

叙述を中心に中心人物である大造じいさんの変化について考えてきましたが、中心人物や状況の変化は、出来事との遭遇や別の人物（対人物）や重要な存在との出会いがあって、起こります。教材の分析・解釈では、中心人物に変化をもたらす対人物や重要な存在の分析も大切です。本作品における大造じいさんの重要な存在である残雪についても考えてみましょう。

●特別な存在としての残雪

残雪については作品の冒頭に次のように書かれています。

「残雪というのは、一羽のガンにつけられた名前です。左右のつばさに一か所ずつ、真っ白な交じり毛をもっていたので、かりゅうどたちからそうよばれていました。」

残雪は「一羽のガンにつけられた名前」と説明がされています。数多くのガンがいるにも関わらず名前をつけられるということから、残雪は狩人たちから一目置かれていたことがわかります。また、名前をつけられることで、読み手にとっても残雪はただの野生の鳥ではなく特別な存在として印象づけられます。

このように、狩人たちから名前をつけられて特別な存在とされていたのには理由があります。

●残雪の利口さと頭領らしさ

残雪は「ガンの頭領」で「なかなかりこうなやつ」であると説明されます。具体的には「仲間がえをあさっている間も、油断なく気を配っていて、りょうじゅうのとどく所まで、決して人を寄せ付け」ません。

狩人たちからしてみれば、明らかに狩りを行う上で邪魔な存在です。大造じいさんも、もれなく「残雪が来るようになってから、一羽のガンも手に入れることができなくなっ」てしまいます。

展開場面でも、ウナギつりばりを使った計略に対してつりばりの糸をぴいんと引きのばして異常なしと認めるものだけを食べるように指導したり、タニシをばらまいておびき寄せて撃とうとする計略に対して大造じいさんの作った小屋に気づいて降り立つ場所を変えたりすることからも残雪の利口さとともに、群れを率いる頭領としての姿がうかがえます。

このような残雪の利口さや頭領らしさに対して、大造じいさんは「ううむ。」と声をもらしたり、「ううん。」とうなったりして、改めて残雪の利口さに気づき、残雪に対する見方を深めていくのです。

●理想の頭領像としての残雪

これまでも、残雪に対する見方を深めてきた大造じいさんですが、それが決定的に変わるのが第三場面です。第三場面を読んでいくと、多くの人々が求めるリーダーとしてのあるべき姿が、残雪の行為を通して描かれています。

第三場面では、ハヤブサにねらわれたおとりのガンを救うため、残雪はハヤブサにぶつかっていきます。「残雪の目には、人間もハヤブサもありませんでした。ただ、救わねばならぬ仲間のすがたがあるだけでした。」と、仲間のために強大な敵に立ち向かっていく頭領の姿が描かれます。

さらに、ハヤブサとの戦いが終わった後の場面では、傷ついているにもかかわらず、力をふりしぼってにらみつける堂々たる姿を見せます。

残雪から見れば、人間である大造じいさんは自分を殺そうとする敵です。自分が傷つき満足に動けない状態で、さらなる敵が現れるわけです。けれども、残雪は逃げることもせず、また、声を上げることもせず、長い首を持ち上げてにらみつけるのです。

さらに、大造じいさんが残雪に向けて手をのばしても、残雪はもうじたばたさわぐことはしません。

これらの残雪の行為からは、どんな状況下であっても困難に立ち向かおうとすることを尊ぶ書き手の価値観が伺えます。

また、自分よりも仲間を助けることが大切であるという自己犠牲の考え方、さらには、死を目の前にしてもじたばたしない潔さを美徳とする価値観が感じられます。これら全てを実践する存在として残雪は描かれているのです。

実は、作品が描かれたのは一九四一年、戦時下の抑圧された時代でした。当時の国のために命を捧げるのが当然の風潮に対して、椋鳩十は動物の姿に託して、生命の尊さを感じさせ、「決して殺さない物語」、「愛情ひとすじにつながる物語」、「物の見方が片寄らない物語」を数多く描こうとしました。鶴田氏は椋鳩十の発言を取り上げ、「困難と自己犠牲を顧みず〈頭領〉としての自分を主張し実践することのできる『英雄』」として残雪が描かれ、「それはまさに『権力に反抗する英雄』」であると述べています。しかし、当時はそのような作者の思いとは裏腹に、作品の中で描かれた残雪の姿は軍国主義の国策遂行につなげられた面もあったようです。

現代においても、困難に立ち向かう勇気、仲間を大切にする信頼や友情、自己犠牲の精神などの価値は色あせることはありません。

残雪は人間でも実現することが難しい理想の頭領像を具現化する存在として描かれています。だからこそ、残雪の姿は、大造じいさんだけでなく、読み手である私たちの心に響いてくるのでしょう。

・「残雪というのは（中略）左右のつばさに一か所ずつ、真っ白な交じり毛をもっていたので、かりゅうどたちからそうよばれていました。」
・残雪が来るようになってから、一羽のガンも手に入れることができなくなる。

↓

特別な存在としての残雪
・狩人たちから一目置かれている
・ただの野生の鳥ではない印象

・仲間がえをあさっている間も油断なく気を配っていて、りょうじゅうのとどく所まで、決して人を寄せ付けない。
・ことごとく大造じいさんの計略を見破る。
・「残雪はむねの辺りをくれないにそめて、ぐったりとしていました。（中略）残りの力をふりしぼって、（中略）じいさんを正面からにらみつけました。」

↓

理想の頭領像である残雪
・大造じいさんの計略を見破る利口さ
・仲間のために強大な敵に立ち向かう勇気
・自分よりも仲間を助ける自己犠牲の精神
・死を目の前にしてじたばたすることをよしとしない潔さ

●大造じいさんと残雪の関係

本作品を読み終えると、子どもたちから次のような意見が出されることがあります。

「大造じいさんは残雪と仲良くなった。」

「大造じいさんと残雪の心が通い合ってよかった。」

果たして、大造じいさんと残雪の心は通い合ったのでしょうか。

これまで述べてきたように、確かに大造じいさんは物語の中で残雪に対する見方を大きく変化させています。

では、残雪の大造じいさんに対する変化はどうでしょう。

第四場面での残雪は、大造じいさんが「おり」のふたをいっぱいに開けると、「とつぜんに広がった世界におどろ」きます。おそらく大造じいさんの元にいた間、残雪は外に出ることはなかったのでしょう。

おとりのガンの場合と比べてみましょう。おとりのガンは「鳥小屋」に入れられ、「ときどき運動のために」外に出してもらっていました。それは、大造じいさんが口笛を吹けば、「どこにいてもじいさんのところに帰ってきて、そのかた先に止まるほどに」飼い慣らされていたからです。そう考えると、残雪は最後まで大造じいさんに飼い慣らされなかったのではないかと考えられます。

また、「が、バシッ。快い羽音一番、一直線に空へ飛び上がりました。」「残雪が北へ北へ飛び去っていく」というところからも残雪の行動に迷いや未練は感じられません。大造じいさんに対しての思いが残雪にあるように描くのであれば、一度くらい振り返るなり、上空を旋回するなりしてもよさそうなものです。

つまり、残雪には大造じいさんに対する変化が生じていないのです。本作品の中での大造じいさんと残雪の関係は、大造じいさんからの一方的な見方の変化があるだけです。群れの中でいつでも油断なく気を配り、決して人間を寄せつけず、死を目の前にしても「敵」を正面からにらみつけた残雪です。そう簡単に人間に心を許すとは考えられません。

野生の動物たちが本来もつ強さや美しさを描き続けた椋鳩十だからこそ、本作品の中での残雪は、大造じいさんの元で一冬を過ごそうとも、「頭領としての威厳」を失うことなく飛び去っていったのでしょう。

（5）場面構成から読もう

これまで中心人物の変化、対人物について考えてきました。では、次に中心人物がどのような場面の構成で変化しているのかについて考えてみましょう。そうすることで、それぞれの場面の役割が見えてくるとともに、作者の巧みな構成上のしかけが見えてきます。

●起承転結について

起承転結とは四行から成る漢詩の絶句の構成です。それが転じて、文章や物語の組み立てに使われています。定型的な例では四コマまんががあります。

起承転結を簡単に説明すると、次のようなものです。

「起」は、物語の始まりであり、物語の舞台や主人公が置かれている状況などが語られます。「承」は、「起」を承けて物語が進行し、だんだんと話が盛り上がってきます。（「結」につながる伏線が張られる場合もあります。）「転」は、話の方向が変わって、主人公に変化が起きる物語の山場となります。そして、「結」は、物語の結末となり、主人公に変化が起きた結果や解

場面	構成	内容
一の場面（起）	設定	・大造じいさんと残雪の紹介
	展開	・大造じいさんがウナギつりばりの計略をしかける。
		・残雪に計略を見破られる。
二の場面（承）		・大造じいさんがタニシをばらまく計略をしかける。
		・残雪に計略を見破られる。
三の場面（転）		・大造じいさんがおとりのガンを使う計略を考える。
	山場	・残雪がハヤブサからおとりのガンを助ける。 ・大造じいさんは強く心を打たれ，ただの鳥に対しているような気がしなくなる。
四の場面（結）	結末	・残雪をおりの中で一冬をこさせ，逃がす。

繰り返されること

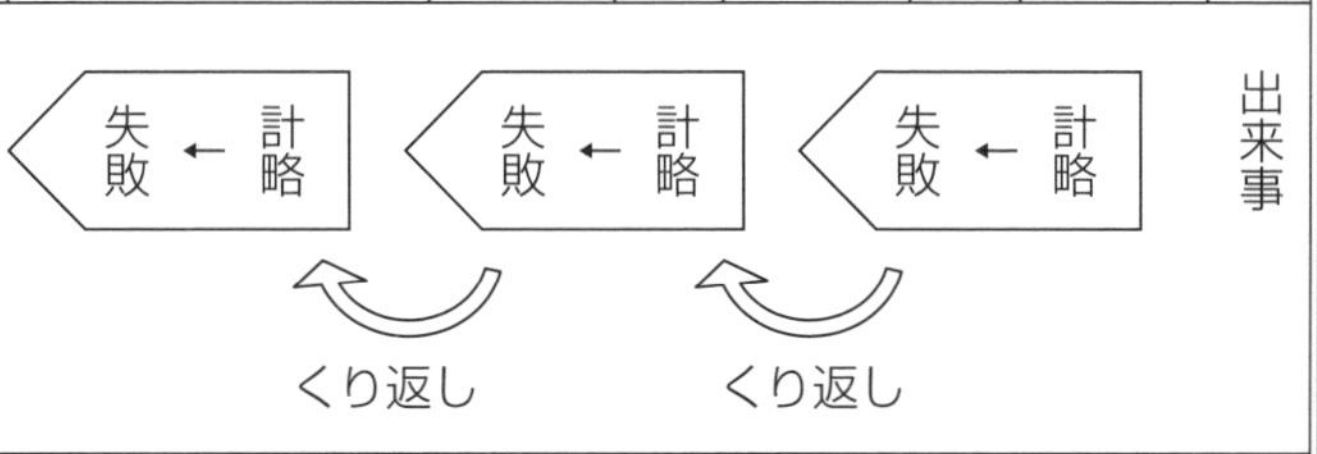

変化すること

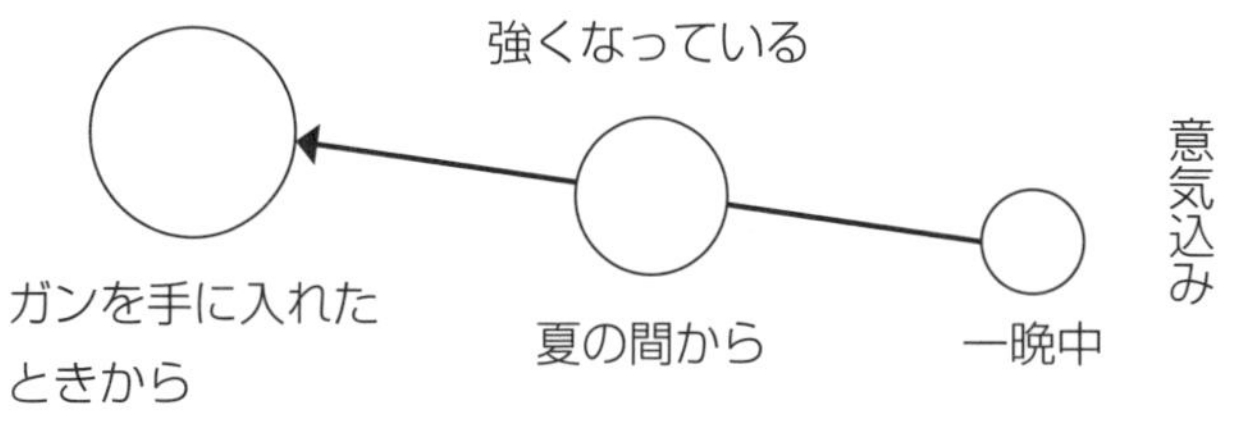

決が述べられます。

本作品は、典型的な起承転結の構成で書かれた作品です。教科書では、本文全体が四つの場面に分けられており、第一場面から第四場面まで「時」を視点に分けられていますが、同時に起承転結の構成が見えやすいようになっています。

まずは、各場面の出来事を整理しましょう。

第一場面（起）…大造じいさんと残雪が紹介されています。（設定）

第二場面（承）…大造じいさんがウナギつりばりの計略をしかけます。（出来事の始まり）
大造じいさんは、残雪に計略を破られ、感嘆の声をもらします。
…大造じいさんがタニシをばらまく計略を行います。
大造じいさんはまたしても残雪に計略を破られ、うなってしまいます。

第三場面（転）…大造じいさんがおとりのガンを使って計略を行おうとします。
ハヤブサが襲ってきて、おとりのガンがねらわれます。
残雪がハヤブサからおとりのガンを救います。
残雪の行為と頭領らしい堂々たる態度に強く心を打たれます。（話の山場）

第四場面（結）…大造じいさんは、残雪をおりの中で一冬をこさせて、逃がします。（結末）

●変化・発展する繰り返し

第一場面から第三場面までは同じような出来事が繰り返されます。いずれの場面も、簡単に言えば、大造じいさんが、自分の考えた計略が上手くいくと思っていたが、残雪に破られてしまい、残雪の知恵や勇気に感心するという出来事です。これは、この作品の構成上の大きな特徴と言うことができます。

ただ、全く同じ出来事が繰り返されるわけではありません。その繰り返しは場面が進むごとに変化・発展していきます。

たとえば、計略の内容です。

一年目は「ウナギつりばりの計略」だったものが、二年目は「タニシばらまきの計略」、三年目は「おとりのガンの計略」と計略を行うことは繰り返されますが、その内容が変化しています。

捕まえ方を見てみると、一年目では、罠をしかけて、つかまったかどうかを見に行くだけでしたが、二年目では、えさでおびき寄せて、ガンがこちらへ来るのを待って銃で撃つものへ変化します。そして、三年目では、おとりを使って大造じいさんが合図を出してこちらへ近づかせ、銃で撃つというように、だんだんと大造じいさんとガンの群れが距離が近づくものになっており、大造じいさんの行動も「ガンの動きを待つもの」から「自分から積極的にしかけていくもの」へと変化しています。

また、先述した準備期間も「一晩中」「夏の間から」「ガンを手に入れたときから」と、だんだんと長くなっていきます。第一場面の最後の「ううむ。」という感嘆の声や第二場面の「ううん。」といううなり声とつながり、時間をかけて入念に準備する姿に、その年の計略に対する大造じいさんの意気込みも強くなっているように感じさせます。


意気込みの強さとともに、大造じいさんの緊張感も増していきます。

一年目の「その翌日、昨日と同じ時刻に、大造じいさんは出かけていきました。」からは、大造じいさんの自信と余裕が感じられます。

二年目も前日に計略の成功に自信をもち、「会心のえみ」をもらしますが、いよいよガンを捕まえようとする場面では、「あの群れの中に一発ぶちこんで、今年こそは、目にもの見せてくれるぞ。」「りょうじゅうをぐっとにぎりしめた大造じいさんは、ほおがびりびりするほど引きしまるのでした。」というところから意気込みと緊張感が伝わってきます。

そして、三年目も前日に「うまくいくぞ。」と「青くすんだ空を見上げながら、にっこりと」するほど成功を確信します。対決場面では「さあ、いよいよ戦闘開始だ。」「わくわくしてきました。」「しばらく目をつぶって、心の落ち着くのを待ちました。」「冷え冷えするじゅうしんをぎゅっとにぎりしめました。」「さあ、今日こそ、あの残雪めにひとあわふかせてやるぞ。」などのような大造じいさんの意気込みや緊張感を表す表現が多く見られ、その高まりが感じられます。また、一年目の「秋の日が、美しくかがやいていました。」、二年目の「あかつきの光が、小屋の中にすがすがしく流れこんできました。」、三年目の「東の空が真っ赤に燃えて、朝が来ました。」のような情景からも意気込みや緊張感の変化は見られます。

さらに、それぞれの年の最後に残雪に対する見方を変えることも変化・発展する繰り返しととらえることができます。大造じいさんは一年目の最後には感嘆の声をもらし、二年目の最後には思わずうなり、三年目の最後には「ただの鳥に対しているような気がしませんでした。」と残雪に対する思いが変化します。

大造じいさんは、残雪との対決に対する意気込みを強くしていき、それに対応するように残雪に敗れたときの敗北感が大きくなります。そして、それぞれの年の最後で徐々に残雪に対する見方を変えていき、三年目の最後に大きく変化するという構成です。

（6）語りや表現描写を読もう

これまで中心人物の設定と変化、対人物、場面の構成について考えてきました。最後に物語の中での語りや表現描写について考えてみましょう

●文体の効果

本教材文には、大きく分けて二種類の文章があることを、16ページで触れました。その二種類の文章の大きな違いの一つに、文体の違いがあります。光村図書版では敬体、いわゆる「です・ます調」で書かれていて、教育出版版では常体、いわゆる「だ・である調」で書かれています。この文体の違いによって読み手の受ける印象が変わります。たとえば、残雪がハヤブサに向かっていく場面の文の違いを見てみましょう（いずれも平成27年度版より）。

光村図書版

ハヤブサは、その道をさえぎって、パーンと一けりけりました。
ぱっと、白い羽毛があかつきの空に光って散りました。ガンの体はななめにかたむきました。

もう一けりと、はやぶさがこうげきの姿勢をとったとき、さっと、大きなかげが空を横切りました。

残雪です。

大造じいさんは、ぐっとじゅうをかたに当て、残雪をねらいました。が、なんと思ったか、再びじゅうを下ろしてしまいました。

教育出版版

はやぶさは、その道をさえぎって、パーンと一つけった。

ぱっと、白い羽毛が、あかつきの空に光って散った。がんの体は、ななめにかたむいた。

もう一けりと、はやぶさがこうげきの姿勢をとった時、さっと、大きなかげが空を横切った。

残雪だ。

大造じいさんは、ぐっと銃を肩に当てて、残雪をねらった。が、なんと思ったか、再び銃をおろしてしまった。

比較すると、光村図書版は敬体で書かれていて、丁寧な言い回しであるため、優しい印象を受けます（光村図書版の場合は、「前書」の存在も影響していると思われます）。

それに対して、教育出版版は常体で書かれているため、歯切れよく読むことができ、緊張感や迫力があるような印象を受けます。

このように、文体によって読み手が受ける印象が変わってきます。

文体はどちらがよいというものではありません。それぞれによさがあります。よさを判断するのは読み手です。敬体で書かれた本文と常体で書かれた本文を両方提示し、それぞれの文から受ける印象を比べることで、文体の効果に気づかせる学習を設定することもできます。

●情景描写と人物の心情

「大造じいさんとガン」は豊かな情景描写をもつ作品として知られています。物語の描写は、人物の視点や心のフィルターを通して語られたものです。そのため、人物の心の中と呼応して描かれます。ですから、情景の描写を読み取ることで、その時の人物の心情を読み取ることができます。

たとえば、二の場面の「あかつきの光が、小屋の中にすがすがしく流れこんできました。」

や三の場面の「東の空が真っ赤に燃えて、朝が来ました。」は、赤色の空をイメージさせます。赤という色は、大造じいさんの意気込みや高揚感を感じさせます。このように色を表すことばが豊かなイメージを引き出します。

また、一の場面の「秋の日が、美しくかがやいていました。」や三の場面の「大造じいさんは、青くすんだ空を見上げながら、にっこりとしました。」なども、大造じいさんの心の中と呼応して描かれています。「美しくかがやいて」見えたり、「青くすんだ空」のように見えるのは、大造じいさんの心情を反映しているからです。ここから、大造じいさんの期待感や自信を読み取ることができます。

このように、大造じいさんの目から見た情景が、大造じいさんの心情を映し出しているのです。

●色彩語の効果

赤色が大造じいさんの意気込みや高揚感を感じさせると述べましたが、この作品には他にも様々な色を表すことばが使われています。

たとえば、二の場面のガンがやってくるところでは、赤みがかった「あかつきの光」と黒く点々と見える「ガンのすがた」のコントラストで、朝焼けの中をがんの群れがやってくる様子を絵画のように描いています。

色のコントラストを生かした表現は他にもあります。

三の場面の「ぱっと、白い羽毛があかつきの空に光って散りました。」や「羽が、白い花弁のように、すんだ空に飛び散りました。」なども、赤と白のコントラストで残雪とハヤブサの戦いの場面を美しい絵画のように描いています。また、これらの表現は、「花弁」「散る」などのようなことばから美しさの中にも読者に死を予感させる表現でもあります。

さらに、四の場面の「らんまんとさいたスモモの花が、その羽にふれて、雪のように清らかに、はらはらと散りました。」では、青い空、白いすももの花、そして、黒い残雪のかげがコントラストを生み出し、春の晴れた日に残雪が飛び立っていく姿を美しく描いています。

●オノマトペの効果

「大造じいさんとガン」には、オノマトペ（擬声語）が多く使われているのも特徴です。三の場面で残雪とハヤブサが戦うときの「ぱっ　ぱっ」という表現は歯切れのよさやテンポを生み出す効果があります。それによって、残雪とハヤブサとの戦いに緊迫感をもたせているのです。

ちなみに、この作品でオノマトペが最も多く使われているのは三の場面、特に残雪とハヤブサとの戦いの場面です。それによって、残雪とハヤブサの戦いに臨場感や迫力をもたせることにつながっています。

また、四の場面で残雪が飛び立つときの「バシッ。」という表現は、残雪の力強さやたくましさを感じさせます。この力強い羽音から残雪の傷が癒えて、復調していることも伺えます。

3 学習の目標を設定しよう

(1) 教材の特性から学習の目標を考えよう

教材の分析・解釈をしたことで教材の特性が見えてきました。

それをもとに学習目標（指導目標）を設定します。本来なら学級の子どもたちの実態から学習の中でつけるべき学習の目標を設定し、それに合った教材を選定するべきなのでしょうが、各学校には教科書教材を中心にしたカリキュラムがあり、学習の中で取り扱う教材が指定されています。

教科書の指導書には、その教材を学習することでめざす目標が書かれていますが、その目標が常に学級の実態に合ったものになっているとは限りません。

まず、その教材を使って、どんな国語の力を子どもたちにつけられるのかを考えてみましょう。そして、子どもたちの実態に合った目標を設定します。

（2）「大造じいさんとガン」から指導目標を設定しよう

中心人物の設定と変化、重要な存在、場面の構成、物語の中での語りや表現描写について考えてきました。では、教材を読むことを通して、子どもたちに物語の読み方の何を身につけさせることができるでしょうか。

●教材の特性から考えられる目標を書き出そう

教材を分析し、解釈したことから「大造じいさんとガン」を読んで設定できそうな目標を書き出してみましょう。

○叙述を読んで、場面の様子を想像する
○人物の設定を読む
○人物の心情の変化を読む
○情景から人物の心情を読む
○書かれていない人物の心情を考える
○語りや人物の視点の変化を考える

○語り手の存在を意識し、物語の背景を考える
○人物の役割について考える
○物語の構成や場面の役割について考える
○読後感から読む
○物語の後を想像する

他にもまだまだあるかもしれません。「大造じいさんとガン」の場合は、大造じいさんの残雪に対する見方の変化ついて話し合っていくことが中心となるでしょう。

大切なのは、一人の読者として教材と出合ったときの感動の理由を解き明かすには、教材の何を読ませていけばいいのかを教師が考えることです。そうすることで、子どもたちが教材と出合ったときの感動を大切にし、その感動から自然な形で単元を通した学習課題を設定することができるようになります。

「大造じいさんとガン」では、大造じいさんの残雪に対する見方の変化を読んでいきます。大造じいさんの変化について話し合う中で、どのように変化したのか、なぜ変化したのかを考えることが大切です。特に、なぜ変化したのかを考える中で、変化のきっかけとなる出来事に

ついて読み取り、解釈することが重要になってきます。言い換えれば、この教材では**因果関係**をとらえることが重要になるということです。

●教科書の単元名を見てみよう

では、各教科書会社は「大造じいさんとガン」からどのような学習を設定しているのでしょうか。それぞれの教科書では、次のような単元名と活動目標が設定されています。

○光村図書五年……**すぐれた表現に着目して、物語のみりょくを伝え合おう**
心情や場面の様子を味わいながら読み、効果的に用いられている表現について、自分の考えをまとめよう。

○東京書籍五年……**朗読で発表しよう**
場面の様子や風景の描写をとらえ、人物の心情について考える。人物の心情が表れるように朗読する。

○教育出版五年上……**立場を変えて書きかえよう**
人物の心情の変化を読みましょう。

○学校図書五年下……**すぐれた描写を報告しよう**

○三省堂五年……**すぐれた描写を味わおう**

（すべて平成27年度版）

教科書によって、表現描写に注目して読むこと、朗読すること、視点を変えて読むことなど、様々な単元名を掲げています。これは、「大造じいさんとガン」という教材が様々な切り口で学習することを可能にする優れた教材であることの証明です。ただ、どの教科書においても学習過程において大造じいさんの残雪に対する見方の変化と場面の描写を取り扱っています。『小学校学習指導要領解説国語編』でいえば、「読むこと」の「(1)エ　登場人物の相互関係や心情、場面についての描写をとらえ、優れた叙述について自分の考えをまとめること。」に当たります。

●学級の実態に合った目標を設定しよう

「大造じいさんとガン」は大人が読んでも感動し、考えさせられる物語です。文学的な文章は、読者の年齢や経験などによって受け止められ方が大きく異なってきます。よく陥りがちな授業の失敗の一つに、教師が長い時間をかけて教材を分析し、教師が解釈したことのすべてを子どもたちに考えさせようとすることがあります。私たち教師は、子どもたちに「大造じいさんとガン」を教えるのではなく、「大造じいさんとガン」を読むことをとおして子どもたちにどんな読み方を身につけさせることができるのかを考えなければなりません。

教科書を見てみますと、五社全てが「大造じいさんとガン」を五年生の教科書に掲載しています。五年生段階にある目の前の子どもたちが、どんな読み方をする傾向にあるのかをしっかりと分析し、適切な指導の目標を設定することが大切です。

【参考文献】

・鶴田清司『「大造じいさんとガン」の〈解釈〉と〈分析〉』一九九七年、明治図書
・浜本純逸監修　藤原顕編『文学の授業づくりハンドブック　第3巻　―授業実践史をふまえて―　小学校・高学年編／単元学習編』平成二十二年、渓水社
・田近洵一編『文学の教材研究〈読み〉のおもしろさを掘り起こす』二〇一四年、教育出版
・西郷竹彦『西郷文芸学入門ハンドブック⑤　表現論入門―表現・文体・構造』一九九五年、明治図書

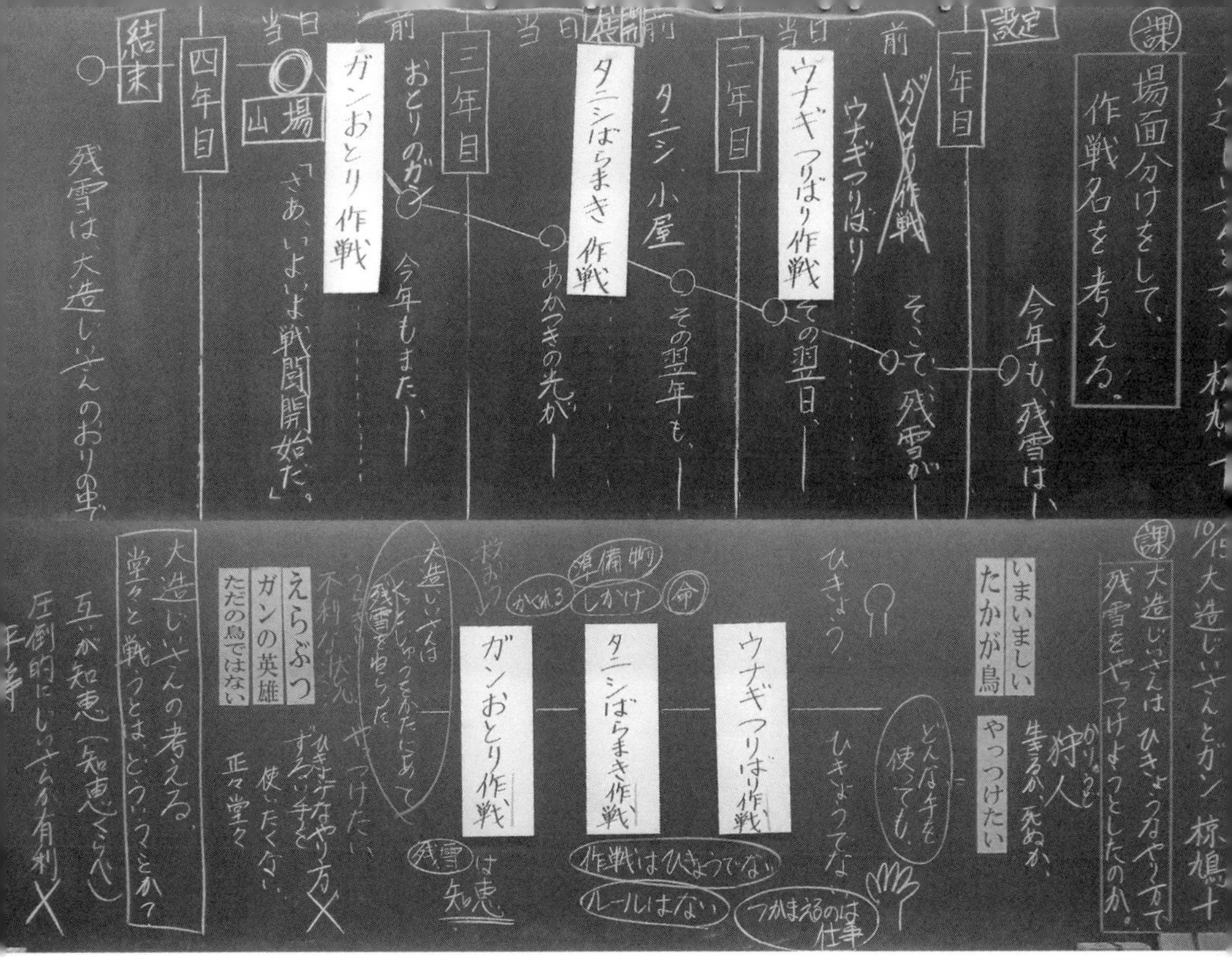

第2章

指導方法を構想する力を高めよう

最初に、教材研究とは、「**教材の分析・解釈**」と「**指導方法の構想**」のことであり、指導方法を構想していくためには、何よりもしっかりとした教材の分析・解釈が重要だと述べました。前章で実際に分析したように、物語中の一つ一つのことばが緊密につながりあって、読者の中に物語世界をつくりあげます。教師が教材を分析・解釈することで、子どもたちにどのことばとつなげて考えさせる必要があるのかが見えてくるのです。(また、授業における子どもたちの発言の聴き方も変わってきます。この点については次章実践編で述べます。)

そこで、本章では教材分析・解釈したことをもとにどのように指導方法を構想していけばいいのかについて考えてみましょう。

1 学級の実態と教師の力量に応じた指導方法を設定しよう

まず、単元を通して場面ごとに分けて読ませていくのか、教材全体を対象にして読ませていくのかについて考えてみましょう。

物語を読む授業の中で子どもたちに求められるのは、単純に考えれば、どのことばに着目して、どのことばとことばをつなげて考えたのか、そしてどのように解釈したのか、その解釈したことについて自分はどう感じ、考えたのかということです。

「ことばをつなげて考える」という点についてもう少し説明をします。

基本的な物語の構造は、「**舞台や人物の設定―人物の変化への伏線―人物の行動やものの見方・考え方の転換―人物の変容**」となっています。人物の「**変化**」を理解するためには、それ以前の状態、つまり「**設定**」を理解しておかなければなりませんし、一読すると劇的に「**変化**」したように見える人物も実はそのきっかけとなる出会いや出来事、変化の兆しとなる「**伏線**」が物語中に張られています。

このような物語の中でのことばのつながりを授業の中で子どもたち自身が見出し、解釈し、評価していくことが求められるのです。

従来より多くの教室で行われてきた物語を場面ごとに分けて読む読み方ではなく、近年は物語全体を対象にした「丸ごと読み」の授業を求める声が増えてきました。どちらの指導方法にもよい点や気をつけるべき点があります。

まず、**場面ごとに分けて読ませる場合**についてです。

場面に区切ると、読む範囲が限定され、つなげることばを探しやすくなります。話のあらすじを把握していない子どもたちや物語の読み方に慣れていない子どもたち、低学年段階の子どもたちに向いた読み方かもしれません。

気をつけるべきことは、違う場面のことばやその前の場面までに学習してきたこととつなげて考えることができにくくなる点です。そのため、教師がこれまで学習したことのまとめを掲示して学習を振り返りやすくしたり、違う場面のことばに気づくように発問したりする必要が出てきます。

次に、**物語全体を対象にして読ませる場合**についてです。

場面ごとに分ける場合とは逆に、子どもたちにとってはことばを探す範囲の限定がなくなり、授業で問題となっている文章中の箇所とは離れた箇所からことばを探すことができます。そのためには、授業の前までに何度も教材文を読み込ませ、物語の流れを頭の中に入れておかせる必要があります。尋ねられたことに反応し、「そのことについては、あそこにあんなことばが書いてあったはずだ」とすぐに教科書のページをめくって、ことばを探せるようにしておかなければ、子どもたちが授業での話し合いに参加することはできません。

そして、物語全体を対象にして読ませる場合、何よりも子どもたちにとって適切な読みの課題と教師の指導の力量が必要になります。教師は、単元を通して子どもたちが教材を読み深めていくために必要な課題を子どもたちの反応を予想しながら設定しなければなりません。そして、本時では、子どもたちから出される様々な箇所からのことばや考えをどのように教師が整理し、授業の中で子どもたちにどのように考えさせていくのかが重要になるのです。

2 教材の特性に応じた活動を設定しよう

現行（平成20年告示）の指導要領では、「各教科における言語活動の充実」の必要性が唱えられていますが、設定するのはどんな活動でもいいわけではありません。

教師の教材の分析・解釈を基盤とし、**活動の特性**を意識しながら、授業で子どもたちの読みを深めさせていくのに適した活動を選択していく必要があります。

一つの教材ごとに子どもの実態によって設定する指導目標が違うように、目標に迫るための学習活動の方法も様々です。それぞれの活動には特性があり、教材と設定した指導の目標に応じた活動を選択しなければなりません。

そこで、いくつかの活動を挙げながらその特性と「大造じいさんとガン」で設定する際のポイントについて考えてみましょう。

（1）音読・朗読

音読・朗読は、理解と表現の両方にまたがる活動です。文章を声に出して読むことで、ことばのまとまりを意識して内容を理解したり、文章の内容や文体から読み手がイメージしたことや感動した気持ちを音声で聞き手に表現したりすることができます。つまり、**読み手が人物や語り手に同化するのを促す**ことができるのです。逆を言えば、音声化することで読み手の解釈が明らかになりますし、指導する教師もこの点に留意して子どもたちに音読・朗読を聞かせなければなりません。

活　動	特　性	留意点
音読・朗読	読み手がイメージしたことや感動した気持ちを音声で聞き手に表現する。読み手が人物や語り手に同化するのを促す。	音声を記録したり，音読するための記号を用いたり，教師が再現したりする必要がある。
ディベート	子どもたちは主体的に議論させたり多様な視点に立って考える。	解釈の妥当性を評価の観点としたり，一つの解釈に収斂していかないようにする。
日　記	登場人物になりきることで，文章中に書かれていない人物の心情を読み手が想像して埋めて書かせることができる。	日記をどの場面のどの人物の立場から書かせるのか。
手　紙	文章中に書かれていない人物の心情を想像し，物語世界の外から人物の行動や考えに対して評価をさせることができる。	手紙をどの場面のどの人物に対して書かせるのか。
劇・動作化	人物の設定や状況・場面から人物の心情や表情を想像し，表情や行動として表現させることができる。	表現する目的や表現させる場面をはっきりとさせたうえで，活動させる。
新　聞	物語の中の出来事を要約したり，違う視点から再構成したりして表現させることができる。	文学作品を新聞にする場合，作品の世界を台無しにしてしまう可能性がある。
書　評	あらすじをまとめ，文章中のことばなどを引用しながら論理的に評価させることができる。	評価の観点を示すとともに，見直すことを意図して，ノートにまとめさせる。
他の作品を読む	本単元で学んだ読み方を定着させることができる。一つのテーマや観点で読ませることで，新たに見えてくるものがある。	テーマや観点の設定が大切。

たとえば、「大造じいさんとガン」では、第一場面の「ううむ。」と第二場面の「ううん。」とを沈んだ感じで読むかどうかで、大造じいさんの残雪に対する思いや大造じいさんの人物像が変わってきます。沈んだ感じで読めば、大造じいさんの計略を破られた悔しさが強く印象づけられます。一方、晴れ晴れとした感じで読めば、大造じいさんの残雪への感心、賞賛の気持ちが強く印象づけられます。

また、第一場面の「ううむ。」と第二場面の「ううん。」とで読み方を変えるかどうかを考えることで、大造じいさんの心情の変化を解釈することもできます。

音声化された表現はその場に残りません。表現されたものをもとに話し合う場合は、音声を記録したり、音読するための記号を用いたり、教師が再現したりする必要があります。

(2) ディベート

あらかじめ設定された論題に対し、見解が対立する二つの立場に分かれ、一定のルールに従って議論を行います。最終的には、第三者はどちらが優位だったのかを審判し、勝敗が決まります。

そのゲーム性から子どもたちは主体的に議論したり多様な視点に立って考えたりしようとします。文学教材の解釈の対立点を論題にする場合、**議論の優劣ではなく解釈の妥当性を評価の**

観点とすることや一つの解釈に収斂していかないようにすることが大切でしょう。

たとえば、「大造じいさんとガン」では、二つの文章があるという特質を生かし、「光村図書版の文章と教育出版版の文章とでは、どちらの方がより感動するか。」という論題を設定することができます。テキストの比較による読みの深化です。

子どもたちは活発に議論することが予想されます。論点は、「前書」の効果、常体と敬体の違いによる効果に絞られてきます。「前書」の効果が論点になった場合、「前書」の有無が大造じいさんのイメージを変え、それによって作品全体の印象も変わってくることがディベートの中で明確になってきます。また、常体と敬体の違いによる効果が論点になった場合、常体であればやわらかい印象を、敬体であれば緊張感や迫力のある印象を読み手に与えることが明確になるでしょう。この比較読みは、人物の変容を読み取ったあとに行うと、活発なディベートにつながります。

また、「『らんまんとさいたスモモの花がその羽にふれて、雪のように、清らかに、はらはらと散りました。』は、表現が大げさではないか」という論題を設定すると、描写の効果について論点が絞られ、優れた叙述に対する考えをもつことができるようになります。

(3) 日記

読み手が、登場人物になりきって物語の中で起きた出来事やそのときの心情などを記録していく形で書きます。物語の中で時間の経過が何日間にもわたる場合に設定できる活動です。登場人物になりきることで、**文章中に書かれていない人物の心情**を読み手が想像して埋めて書かなければなりません。この活動のポイントは、読み手の解釈を引き出すために日記をどの場面のどの人物の立場から書かせるのかでしょう。

たとえば、「大造じいさんとガン」の場合では、第一場面、第二場面では計略をしかけた日と、計略を残雪に破られた日の日記を大造じいさんになりきって書かせます。

すると、計略をしかけた日の日記では上手くいきそうだと気持ちが高揚している大造じいさんの心情が出てきます。計略を残雪に破られた日の日記では、大造じいさんの計略を破られた悔しさと、残雪に対しての感心、さらに、「次の年はどのようなしかけにして残雪をやっつけようか。」という残雪に対する執着心が出てきます。また、計略をしかけた日の日記と破られた日の日記との比較、第一場面と第二場面の計略を破られた日の日記を比較することで、大造じいさんの心情の変化について考えさせるきっかけにもなります。

さらに、第三場面では、傷ついた残雪を家に連れて帰った日の日記を書かせることで、大造じいさんの残雪に対する見方の変化や、連れて帰った理由などが出てきます。

（4）手紙

読み手が、登場人物に対して語りかけるような形で書きます。日記と同様に読み手の解釈を引き出すために手紙をどの場面のどの人物に対して書かせるのかがポイントになります。

日記と違う点は、読み手が人物になりきるのではなく、**文章中に書かれていない人物の心情を想像し、物語世界の外から人物の行動や考えに対して評価をしていく**点です。

たとえば、「大造じいさんとガン」の場合では、第三場面で残雪を捕らなかった大造じいさんに対する手紙を書かせる活動が考えられます。

大造じいさんの行動に対して読み手である子どもたち一人一人の感じ方が表現されます。初読の段階で手紙を書かせれば、「なぜ、残雪を捕らなかったんですか。」という疑問、「きっとこういう思いで捕らなかったんですよね。」という解釈、さらに「わたしは、残雪をとらなくてよかったと思います。」といった評価が出されます。それをもとに、学習課題を設定し、授業を展開することが考えられます。また、学習のまとめの段階で手紙を書かせれば、大造じいさんの残雪に対する心情を解釈した手紙を書くことになります。

そして、日記や手紙を書かせる場合、どのように授業に位置づけるのかを考えることも必要です。

授業の最初に書かせたものを発表し合い、互いの解釈の違いから学習の導入へとつなげる場面か、人物の心情などについて話し合った後に学習のまとめとして自分の考えを整理する場面かなど、活動の目的によって位置づけも変わります。

(5) 劇・動作化

劇については、上演を目的にしたものと、上演ではなく表現活動や体験を目的にしたものがあります。子どもたちは、人物の設定や状況から**人物の心情や表情・動きを想像し**、表情や行動として表現します。表現する目的や表現させる場面をはっきりとさせたうえで、活動させることが大切です。

たとえば、「大造じいさんとガン」の場合では、第三場面の大造じいさんが傷ついた残雪に向かって手を伸ばす場面で、残雪のことを「ただの鳥に対している気がしませんでした」と思っている大造じいさんはどのように手を伸ばすかを動作化させます。

手の伸ばし方には、両手で上からつかまえるように手を伸ばす、両手で抱えるように手を伸ばす、片手で首をつかまえるように手を伸ばすなど、様々な伸ばし方が考えられます。この場面の大造じいさんの手の伸ばし方を動作化させると、両手で抱えるように手を伸ばすという考えに収斂されていきます。その理由を問うことで、大造じいさんの残雪に対する心情に迫ることができます。

また、第四場面で残雪を逃がすときの、おりのふたの開け方を動作化させます。おりのふたをゆっくり開けるのか、勢いよく開けるのかを考えさせることによって、大造じいさんの心情に迫ることができます。「勢いよく開けた方がよい」という意見が多く出てくると思われますが、その理由を問うことで、残雪に元気よく飛び立ってほしいという願い、来年も正々堂々と戦おうという決意、ライバルに対する敬意など様々な心情を引き出すことができます。

(6) 新聞

新聞の紙面は分割され、見出し・リード・本文で成る記事やコラム・社説などで構成されています。また、記事の重要度によって割かれる紙面の割合や見出しの大きさが変わります。

記事を書くには、客観的に5W1Hを入れて報告したり、図表を入れて解説したりする必要があるため、子どもたちは、**物語の中の出来事を要約**したり、**違う視点から再構成**したりして表現しなければなりません。

また、グループで新聞を作る場合には、どの記事を載せるかについての編集会議も必要になるでしょう。

たとえば、「大造じいさんとガン」の場合では、第三場面の記事が一番大きく書かれる場合が多いと思われます。ただし、この場面の記事では、大造じいさんと残雪のどちらを中心に据えるかで記事の内容が変わってきます。

大造じいさんを中心に据える場合は、あれだけ残雪をいまいましいと思い、様々な計略を行っていたのに捕らなかったという行動の変化が記事の中心になります。

残雪を中心に据える場合は、ハヤブサからおとりのガンを守り、さらに頭領らしい態度を見せたことが記事の中心になります。

前者では第三者である読み手としての面が、後者では大造じいさんの視点に寄り添う面が強くなります。

しかし、物語文を新聞にする場合、読者が感動する場面について客観的に出来事の報告をしなければならない難しさがあります。編集後記として書き手の思いを書くこともできますが、ともすれば、記事が三面記事のパロディのようになり、作品の世界を台無しにしてしまう可能性があることに留意する必要があります。

(7) 書評

書評とは、「**物語のあらすじの紹介**」と「**物語に対する読み手の評価**」を書いたものです。評価については、**文章中のことばなどを引用しながら論理的に述べて、**読み手が納得したり共感したりするように書きます。

たとえば、「大造じいさんとガン」の場合では、大造じいさんが残雪を捕らなかったことに対する評価を書く場合は、叙述を根拠にしながら大造じいさんが残雪を捕らなかった理由を話し合った上で、自分の考えをまとめさせます。

また、作品から受け取った主題を中心に書く場合は、文章中のどこからその主題が生まれたのかを考えた上で、最終的に主題とあらすじとを組み合わせて自分の考えをまとめさせることで書評が完成します。

さらに、本作品の優れた情景描写に特化して、叙述を評価するというものも考えられます。優れた叙述を取り出し、それについての分析と評価をまとめたものを書きます。ただし、この場合は書評とは呼ぶには十分ではないかもしれません。

いずれにせよ、「何を評価するのか」という評価の観点を示すとともに、見直すことを意図して、ノートにまとめさせていくように留意する必要があります。

（8）他の作品を読む

教材の物語を読むことをきっかけに他の本や物語を読むことに広げていくこともできます。

他の物語に広げていく場合、最初に読んだ教材の読み方をもとに**一つのテーマや観点をもって本を選択して読む活動**を設定します。そうすることで、本単元で学んだ読み方を定着させることができます。

また、それぞれが選択して読んだ物語について同じ観点で発表し、話し合うことで、新たに見えてくるものがあります。

たとえば、「大造じいさんとガン」の場合では、「椋鳩十の他の物語を読む」という活動が設定できるでしょう。同じ作者が書いた物語を読み、その共通点や相違点、物語から感じたメッセージなどについて話し合うことで、作者の人物像が浮かび上がってきます。作者の人物像と重ねて物語を読み、読み深める学習へとつなげることもできます。

また、椋鳩十は動物文学が多いため、主人公の変容とそれに関わる動物の役割などについて発表し合うことで、主人公と動物との関係の類似点や相違点、物語における動物の役割の違いが浮かび上がってきます。

さらに、高学年の学習として物語の構造の違いに目を向けて読み比べるという活動も考えられます。起承転結といった構成や視点などに着目させて物語を読み比べさせ、作品を評価させることも考えられます。

3 単元を構想しよう

単元の指導目標の達成に向け、目の前の子どもたちに適切と思われる学習課題や学習活動の方法を設定し、単元を組み立てましょう。

「大造じいさんとガン」では、「⑴エ　登場人物の相互関係や心情、場面についての描写をとらえ」て読むことを通して、残雪に対する大造じいさんの見方・考え方の変化を読解することが中心となるでしょう。

そこで、単元の指導目標を、

○登場人物の相互関係をとらえ、人物の変容を読み解くこと。

とし、単元構想づくりの一例をご紹介したいと思います。（次章の実践編とリンクします。）

(1) 子どもたちの状況をとらえよう

授業には、どんな子どもにも効果がある「万能薬」はありません。目の前の子どもたちの状況に合わせて、その方法や手立てについて細かく検討していく必要があります。そこで、一つの学級の授業をモデルに授業づくりの具体について述べていきたいと思います。

実践編の学級では、四月には物語の教材を読むことに抵抗を示す子が三分の一ほどいました。五年生になってから物語を場面ごとに心情を想像する学習ではなく、全文を読みながら学習の課題の解決に向けて文章中のことばを根拠にして、登場人物の性格や心情について考えを選択して読み取る学習を重ねてきました。しかし、これまで読んできた物語は人物の心情の変容が直接描かれているものが多く、一人一人が自分で解釈して考えをつくり出すことができるまでには至っていません。

本教材「大造じいさんとガン」と出合った子どもたちは、物語の第三場面で大造じいさんが残雪を捕らなかった場面で感心するとともに、「なぜ、捕らなかったのだろう。」という疑問をもつでしょう。この疑問を解決することが本学習では大切になります。文章中には、直接書かれていない大造じいさんが残雪を捕らなかった理由について、叙述をもとに大造じいさんの残雪に対する思いの変化を話し合う中で、一人一人が自分で解釈して考えをつくり出すことができるようにします。なお、学級の実態を踏まえて、二種のテキストの比較読みは行わなかったため、「前書」については触れていません。

（2）学習のゴールである目指す子どもの姿を明確にしよう

本教材は、大造じいさんの残雪に対する見方が「いまいましい」「たかが鳥」から「ただの鳥ではない」「ガンの英雄」「えらぶつ」へ変化したことがとらえやすい物語です。言い換えれば、大造じいさんが「どのように」変わったのかは比較的すぐにわかる物語ということができるでしょう。

しかし、「なぜ」変わったかについては、詳細に読んでいく必要があります。「なぜ」変わったかを考えていくことで、変化のきっかけとして残雪の知恵やハヤブサに立ち向かっていく勇気、さらには頭領としての威厳を保とうとする姿を大造じいさんが目の当たりにしたことが挙げられるはずです。

このように、本教材では大造じいさんの変化の原因を探ることが核となります。結果とその原因（理由）の関係、これを**因果関係**と言います。

そこで、本教材では叙述をもとに人物の変化の因果関係をとらえることを目指します。子どもたちには、登場人物の変容を変容前、きっかけ、変容後の枠組でまとめさせたいと考えます。また、読み取ったことと自分の感じたことをつなげてまとめさせたいと考えます。

(3) 学習課題と学習活動を設定しよう

本教材は、大造じいさんの視点から描かれています。そのため、読者は大造じいさんに寄り添いながら残雪のことを見ていくようになります。設定場面における、大造じいさんの残雪に対するいまいましいという思いから徐々に残雪への見方を変化させていく過程を読者も一緒に体験することになります。

また、本教材は典型的な起承転結の構造をもっています。そのため、子どもたちは「転」の場面を直感的にとらえやすく、人物の変容について考えるのに適した作品だということができます。しかし、大造じいさんが変化した理由は明示されていないため、「なぜ、大造じいさんは残雪を捕らなかったのだろうか。」という学習課題を設定し、話し合う学習活動が考えられます。

さらに、本教材は、主に大造じいさんと残雪の二者の関係だけに着目して読解を進めることができるため、登場人物の相互関係がとらえやすく、人物関係図を作成する活動を設定し、大造じいさんの残雪に対する思いを引き出すことができます。

子どもたちには初読の感想を書いて発表し合う中で、単元を通した学習課題を**「なぜ、大造**

じいさんは残雪を捕らなかったのだろうか」と設定します。

そして、次のような流れで単元を通した授業を計画します。

①**「それぞれの年の作戦名を考える」（あらすじの把握）**について話し合うことを通して、それぞれの年の作戦の内容と結果について読み取らせる。

②**「どうして、大造じいさんは残雪がいまいましいのか」（大造じいさんと残雪の関係の設定）**について話し合うことを通して、大造じいさんが狩人であり、残雪のせいでガンが捕れないことが生活に関わっているという状況設定を読み取らせる。

③**「大造じいさんの変化を考える」（大造じいさんの変化）**について話し合うことを通して、大造じいさんの残雪に対する見方が「どのように」「どうして」変化したかを、叙述をもとに考える。

④**「大造じいさんはひきょうなやり方で残雪をやっつけようとしたのだろうか」**について話し合うことを通して、大造じいさんの考える「ひきょう」や「堂々」について考えさせ、作品のメッセージを自分のことばでまとめる。

また、「椋鳩十作品からのメッセージをまとめよう」という学習課題を設定し、椋鳩十全集を並行読書させます。

指導計画（全8時間）

1　初読の感想を書いて、学習課題について話し合う。
(1)椋鳩十作品全集と出合い、「大造じいさんとガン」の初読の感想を書く。
○「大造じいさんとガン」を読んで感じた感動や疑問を文章にまとめること。
学習課題「椋鳩十作品からのメッセージをまとめよう」
(2)場面分けをし、音読練習をする。
○本文をまちがえずに音読すること。

2　課題について話し合いながら、大造じいさんの残雪に対する見方の変化を読む。
(1)物語の構成を確認し、「それぞれの年の作戦名を考える」（あらすじの把握）について話し合う。
○作戦名を話し合うことで、物語の構成とあらすじをとらえること。
(2)「どうして、大造じいさんは残雪がいまいましいのか」（大造じいさんと残雪の関係の設定）について話し合う。
○それぞれの年の大造じいさんの残雪に対する見方を考えて、大造じいさんの変化をとらえること。

(3)「大造じいさんの変化を考える」(大造じいさんの変化)について話し合うことを通して、大造じいさんの残雪に対する見方が「どのように」「どうして」変化したかを、叙述をもとに考える。

○大造じいさんの残雪に対する見方が「どのように」「どうして」変化したのかを叙述をもとに解釈すること。

(4)「大造じいさんはひきょうなやり方で残雪をやっつけようとしたのか」について話し合う。

○「ひきょうなやり方」について話し合うことを通して、大造じいさんのものの見方・考え方をとらえること。

3 椋鳩十の他の作品を読み、自分が作品から受け取ったメッセージをまとめる。

(1)(2)椋鳩十の他の作品を読み、作品から受け取ったメッセージをまとめる。

○「人物と動物とのかかわり」「人物の変化」の観点をもとに、作品を読み、作品から受け取ったメッセージをまとめること。

本単元を通して、作品から受け取ったメッセージを自分のことばでまとめさせ、その根拠を叙述に求めるようにさせます。そのため、あらすじと主題を書いた書評に近い作品を作成する学習活動を、単元を通して設定します。

書評という活動を設定した意図は、二点あります。

一点目は、あらすじを考えさせることで大造じいさんの残雪に対する見方が「どのように」変化したか、「なぜ」変化したか、その過程を読み取らせることができると考えたからです。あらすじを考えることは、因果関係をとらえる力を育てる上で必要な活動だと考えます。

二点目は、作品から受け取ったメッセージを、叙述を根拠に自分のことばでまとめさせることで、「なぜ、自分がこのように感じたのか」を考えさせることができると考えたからです。これも自分の思いと理由の因果関係をとらえることになると考えます。

【参考文献】
・大槻和夫編『国語科重要用語300の基礎知識』二〇〇一年、明治図書
・田近洵一・井上尚美編『国語教育指導用語辞典』一九八四年、教育出版
・武田常夫『イメージを育てる文学の授業』一九九二年、国土社
・鶴田清司『「大造じいさんとガン」の〈解釈〉と〈分析〉』一九九七年、明治図書

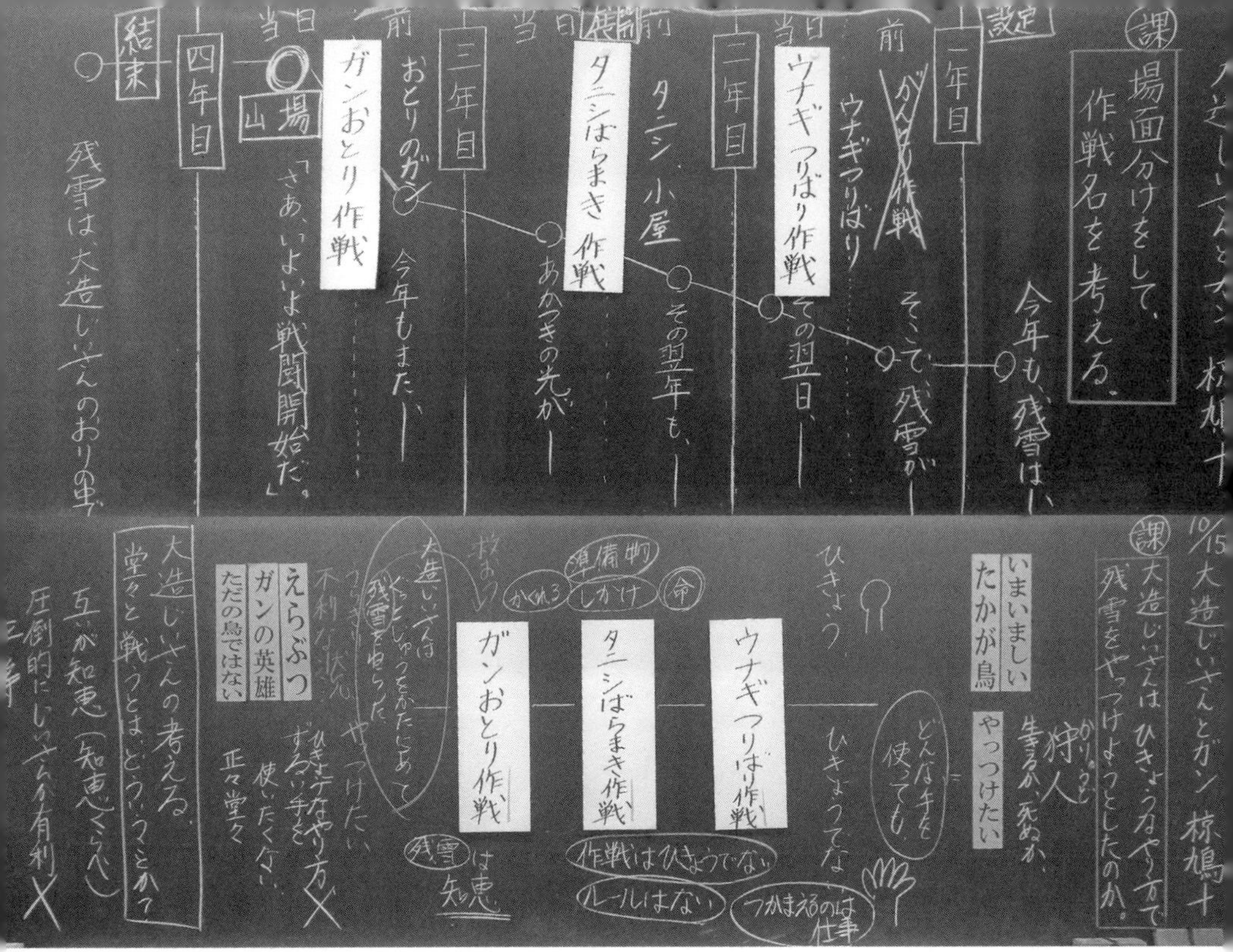

第３章

板書と思考の流れで展開がわかる　実践！「大造じいさんとガン」の授業

これまで「教材の分析・解釈」、子どもたちに応じた「指導法の構想、指導案の作成」を行ってきました。しかし、授業の「設計図」ができただけで、授業ができ上がったわけではありません。実際の授業へと具現化するためには専門的な技能が必要です。それが、**臨機応変な対応力**です。本章では、実際の子どもたちの反応に対して教師がどのように考えて対応し、授業を展開するのかについてご紹介していきます。

授業で物語を読んで話し合う学習を行う場合、指導者が最も力を入れるべき場面は、二つだと考えます。授業の導入で子どもたちに**課題を共有させる場面**と子どもたちの発言を教師が聴いて**授業を組織していく場面**です。

課題を共有することは、子どもたちにとって一人一人が一時間の授業に「参加」する原動力となります。子どもたちの読みや考えの深まりが期待できる課題を設定し、その課題に対して、「それについては、わたしはこう思うんだけど、みんなは違うのかな。」「えっ。考えたこともなかった。」「おもしろそうだ。みんなで考えてみたい。」などのような気持ちを引き出すような導入の工夫をしなければなりません。

また、子どもたちの発言を聴いて集団の思考を組織していく場面では、発言の仕方や周囲の子どもたちの話の聴き方などの学習規律の指導ももちろん大切ですが、それ以上に発言する子どものことばを教師が聴きながら、分析し、授業を方向づけていくことが重要です。

教師は、自分が教材を徹底的に分析して得た解釈が唯一の「答え」ととらえがちです。そして、それを授業の中で子どもたちにことばで言い当てさせようとする場面をよく見かけます。しかし、そのような授業を繰り返していると、子どもたちはだんだんと発言しなくなってきます。教師は、欲しいことばを子どもに言わせることに躍起になるのではなく、子どもたちがその時点でどのように解釈しているのかを子どもたちのことばから分析し、どこに焦点を当てて集団で考えさせればいいのかを考える必要があります。

具体的には、次のようなことです。

・この子は何を言おうとしているのか。
・なぜそんな表現をするのか。読み誤りの原因は何か（表現するために選択したことばか、着目したことばの違いか、解釈か、基盤となる自身の知識や経験などか）。
・教師が解釈していることのどこに位置づくのか。その子の解釈はどこまで迫り、何が足りないのか。
・他の子の考えとどこが同じで違うのか。他の子にいっしょに考えさせるべき点はあるか。
・この意見をこれからの展開にどのように生かせるか。

これらのようなことを分析・判断しながら、教師は子どもたちの発言を聴かなければならないのです。本章では、実際に行った授業をご紹介しながら、板書や教師の発問に対する子どもたちの反応、また状況に対応する教師の思考の流れについても考えてみましょう。

第一次では、まず最初に全文を読み、初読の感想を書きました。初読の感想では、物語と出合ったときの子どもたちの素直な感想を書かせたいものです。しかし、感動が強すぎるとどこから何を書いていいのかわからなくなる子も少なくありません。

そこで、初読の感想ではいつも次のような観点から感想を書くようにしています。

与える観点	教師のねらい
作品を読んで感じたことや考えたこと	優れた文学教材は、一読しただけでも読み手の心の中に感じたことや考えさせられたことが生まれてくる。 初読で感じたことをもとに「物語を読んだときに、登場人物に感動するのはどうしてだろうか。」という課題を設定することもできる。 また、初読と単元の最後の読みを比較して読みの深まりを実感させることもできる。
心に残った場面とその理由	子どもたちの感想の多くは、心に残った場面を中心に書かれる。読むことの授業が苦手な子どもたちでも、心に残った場面を選ぶことはできる。また、その場面を選んだ理由には作品の核心をついたものが書かれることがある。子どもたちが場面を選んだ理由をもとに課題を設定し、子どもたちと考える学習を展開することもできる。

疑問に思ったこと	疑問には大きく三つのことが書かれる。一つ目は知識に対する疑問、二つ目は人物の行動に対する疑問、三つ目は書き手の表現に対する疑問である。知識に対する疑問からは子どもたちの不足している知識が何かを知り、それを補う手立てを考えることができる。 人物の行動に対する疑問からは、「なぜ、残雪をとらなかったのか」というような人物の行動の理由を考える課題を設定することができる。 書き手の表現に対する疑問からは、「『らんまんとさいたスモモの花が、その羽にふれて、雪のように清らかに、はらはらと散りました』という表現は大げさではないか。」などのような課題を設定することができる。
自分だったら	文学を読む場合、常に自己を見つめさせながら読ませたいものである。「自分だったら…したのに、○○はなぜ…したのだろう」と考えさせることで、人物の立場になり、人物の視点で考えるきっかけにすることができる。最終的には、人物や作品の評価へとつながる観点となる。

第2次 課題について話し合いながら、大造じいさんの残雪に対する見方の変化を読む。

第1時 物語の構成を確認し、「それぞれの年の作戦名を考える」について話し合う。

指導目標

○作戦名を話し合うことで、物語の構成とあらすじをとらえること。

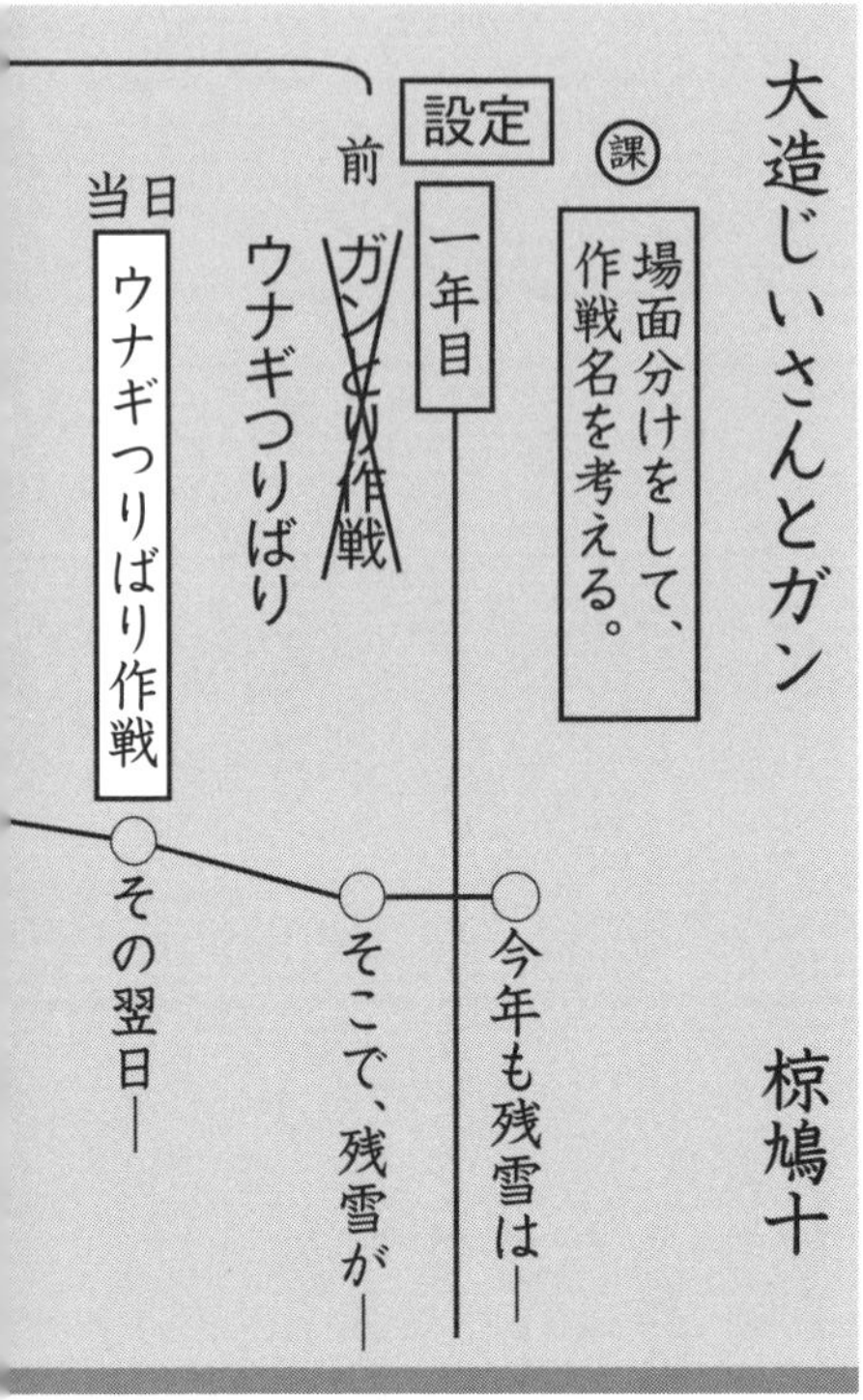

課題の共有

「大造じいさんとガン」が何年にわたる物語なのかを考え、場面分けをする。

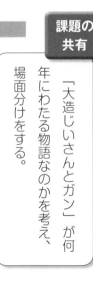

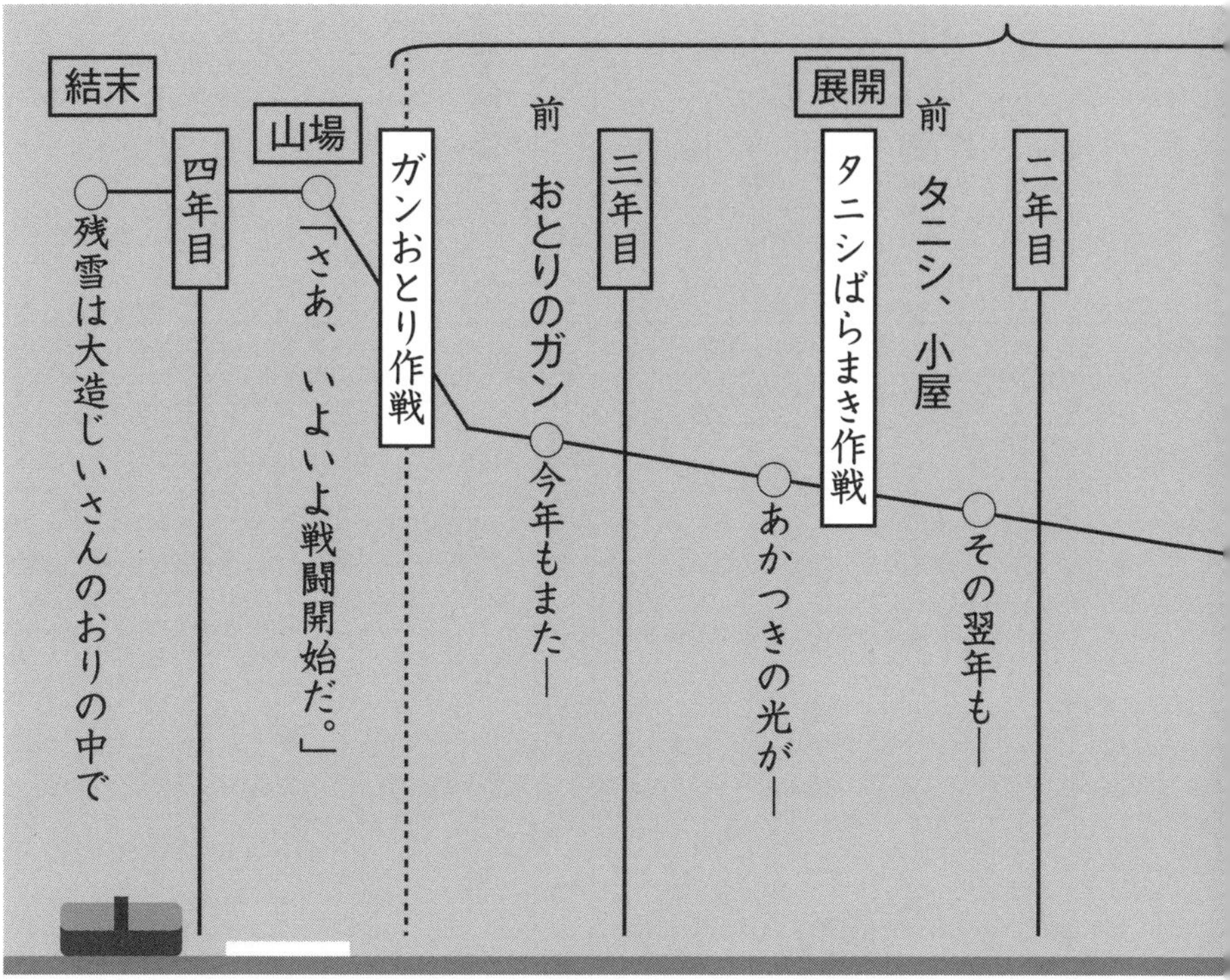

※教科書は平成27年度光村図書を使用

考えの発表

各場面を決戦前、決戦当日で分けた後、「山場」について考えを出し合う。

深める問い

「それぞれの年の作戦名をつけよう」と投げかけ、一年目、二年目、三年目の作戦名を話し合う。

考えのまとめ

場面を一文でまとめ、あらすじをとらえる。

高学年の文学教材の授業では、物語全体をとらえた読み、場面をつなげる読みが大切です。それが、主人公の変化の因果関係をとらえることにつながります。そのためには、まず、人物や舞台の設定、出来事の展開を押さえることが必要になります。

「大造じいさんとガン」の場合、出来事が繰り返され、読者にとってわかりやすい展開であるという構成上の特徴から、はじめに出来事の展開を押さえ、あらすじをとらえさせます。

【導入場面】

授業の実際の様子	教師の思考の流れ
C（各自で全文を音読する。） T　登場人物は誰でしたか。 C　大造じいさん。 C　残雪。	⬇たどたどしい読み方の子はいないかな。
T　登場人物の定義は？ C　人間みたいに話したり、考えたり、動いたりする人や動物や物です。	ポイント ⬇やはり残雪が出てきたな。人物の定義を確認して、残雪が人物かどうかを判断させよう。
T　よく覚えていたね。人間みたいに話したり、考えたり、動いたりする人や動物や物だったね。その定義に	⬇よし、全体で確認できた。定義に照らして考えさせよ

今言った大造じいさんと残雪は当てはまる？
C　大造じいさんはいいけど、残雪は……。
T　残雪はどうなの？
C　残雪は動物なんだけど、人間みたいに話したりしていないから登場人物じゃない……かな。

●ポイント
T　四年生で学習した「ごんぎつね」のごんとは違うね。ごんは人間みたいに話したり動いたりしていたけど、残雪は完全に鳥として描かれているので、人物ではないと考えましょう。ただ、人物ではないけれど、残雪は物語の中で重要な存在なので、重要な存在として考えよう。

T　ところで、この物語は何年にわたる物語だった？一年だと思ったら指を一本立てるというように指で示して。せえの。
（三年と四年の二つの意見が出る。）
T　三年と四年で分かれているね。教科書を見て確認してごらん。年が変わるところで線を引くといいね。
（子どもたちが教科書を読む。）
C　ああ、四年か。
C　最後が四年目ね。

う。

⬇みんな自信がなさそうだ。ここで時間は取れない。他の作品の人物と比較して、残雪の存在について確認しよう。

⬇まず、物語全体を時間の流れで分けさせてとらえさせよう。ここは全員に参加させたい。全員に指で表現させよう。

⬇やはり意見が分かれたな。このズレがあると、確認の必要性が生まれる。線を引かせよう。

⬇気づいてきたようだ。

T （机間指導をしながら）ああ、なるほど。何年目と教科書に書いている人がいるね。全員でやっておこう。一年目はどこから？
C 最初の「今年も、残雪は、ガンの群れを率いて、ぬま地にやって来ました。」から。（板書）
T いいね。二年目は？
C 「その翌年も、残雪は、大群を率いてやって来ました。」のところから。（板書）
T どのことばから考えたの？
C 「翌年」ってことばです。年が変わっている。
T いいね。「時」を表すことばだね。三年目は？
C 「今年もまた、ぼつぼつ」のところから。（板書）
T 「時」を表すことばは？
C 「今年」
T では、四年目は？
C 「残雪は、大造じいさんのおりの中で、一冬をこしました。」のところです。わけは、一冬をこしたと書いているから春になっているからです。（板書）
T なるほどね。五年目は？
C ない。四年目まで。
T ということは、この物語は四年目で終わるわけだ。

➡教科書に書き込んでいる子がいる。全体に広げて、今後の話し合いに使わせよう。
➡ここはリズムよく確認して、起承転結を考える学習へ移ろう。

●ポイント
➡根拠となったことばも確認しよう。

➡あえて五年目を聞いて揺さぶって、自分の考えをもつことの必要感を感じさせよう。

単元の導入ということもあり、基本的事項「人物」「場面」を確認します。基本的事項の確認は子どもたち全員を共通の土台に載せるために必要不可欠です。

展開場面では、「設定―展開―山場―結末」（起承転結）と「繰り返しの構造」をとらえさせる学習につなげるため、場面をさらに細かく分けます。そして、各場面の内容の大体をとらえさせるため、大造じいさんが行った作戦の名前を考えさせる学習を設定します。

【展開場面】

授業の実際の様子	教師の思考の流れ
T　では、場面をさらに細かく分けていこう。物語の構成をこれまでに学んでいるけど、設定場面はどこまで？	➡これから「時」でさらに細かく分けるが、その前に設定場面を確認しよう。
C　設定場面は、はじめから、「いまいましく思っていました」までだと思います。わけはここまでが残雪と大造じいさんの説明だから。	➡設定場面では人物などの説明がなされることを理解した発言だ。
T　同じ考えの人はいる？	

C　その次からは、特別な方法に取りかかているから、出来事が始まっている。

T　なるほど。じゃあ、ここまでが設定場面だね。そのあとの場面が一つ一つが長いので、残雪と大造じいさんが戦う当日とそれまでで分けよう。先生が一年目を音読するから、分かれると思ったところで手を挙げて。

（教師の範読。「その翌日、昨日と同じ時刻に」を読むところで、全員が手を挙げる。）

T　おお、ここで手をほとんどの人が挙げているね。どうして？

C　ここから、戦う当日になっているから。

C　だって、「翌日」ってなっているから「時」が変わっている。

T　なるほどね。ここで一年目が分かれるわけだ。（板書）じゃあ、同じように二年目もやっていこう。

（教師の範読。「あかつきの光が、小屋の中にすがすがしく流れこんできました。」のところで、ほとんどの子が手を挙げる。）

T　ここで分かれる？

➡出来事の始まりをとらえた発言だ。

●ポイント

➡場面分けは単調になりがちだから、場面が変わるところで手を挙げさせて、全員を参加させながらテンポよく授業を進めよう。

➡ここは全員が気づいたな。「時」を表すことばに着目しているはずだ。わけを聞いてみよう。

➡文章の中にある「翌日」という「時」を表すことばに目を付けている。

➡「あかつき」の意味ができていない子もいるから、ここを選んだわけを聞いて共有させよう。

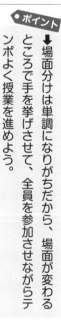

C　あかつきの光が入ってきたってことは、朝になったってことだから、ここで「時」が変わって、戦う日になっている。
C　その前は、夜だったから、光が出たってことは朝になった。
T　今、○○くんが言ったことわかった？　ペアで確認して。
（ペアで確認。）
T　確認できたみたいだね。（板書）じゃあ、三年目。
（教師の範読。「『さあ、いよいよ戦闘開始だ。』」で数名が手を挙げる）
T　ここで手を挙げる人が何人かいるね。まだ挙げていない人はどこで分かれると思う？
C　次の「東の空が真っ赤に燃えて、朝が来ました。」のところだと思います。わけは、朝になっているからです。
C　ああ、わかった。
T　えっ、何がわかったの？
C　朝に「いよいよ戦闘開始だ。」って言っていると思ったから、さっきの人たちは手を挙げたんだ。だって、夜に言ったら変じゃん。

⬇あかつきの光から朝になったことをイメージできているな。

ポイント
⬇今のことが全員理解できているか確認のためにペアトークをさせよう。

⬇やはり、ここで手を挙げたな。クラスで分かれる箇所だから、話し合って時間が変わったところを確認しておこう。

⬇ここは解釈によって違いが出る部分だから、決定的証拠はない。クラスで統一したイメージをつくっておこう。

C　ああ、そういうことね。
T　大造じいさんが「いよいよ戦闘開始だ。」って言ったのは朝なの？　前の日の夜なの？
C　前の日の夜だったら、ちょっと早い気がする。だから、朝。
C　「いよいよ」って言って、朝まで待ったら変かも。
T　そうか。それじゃあ、このクラスでは「いよいよ戦闘開始だ。」から朝になったとしよう。（板書）じゃあ四年目は？
C　戦ってないから、そのまま。
T　うん。それでは、この「大造じいさんとガン」という物語は、八場面構成の物語でいいかな。
C　はい。
T　では、山場はどの場面？　ここだと思うところで手を挙げて。一場面（0名）。いきなりは変わらないね。二場面（0名）。三場面（0名）。四場面（0名）。五場面（0名）。六場面（0名）。七場面（全員が手を挙げる）。ここで、みんな手を挙げるか。なるほど。ここで何が変わっている？
C　大造じいさんが変わっている。
T　七場面で大造じいさんが変わっているのか。（板書）

➡「朝」の考えが大多数になったな。確認しておこう。

➡ここから、物語の構成の学習へ移ろう。まず、山場は直感でとらえられるはずだ。

➡ここでは、変化については詳しくは扱わず、簡単に押さえておこう。

では、ここで、どのように変わったのか、なぜ変わったのかをこれからの学習で考えていこう。

T　さっき、一年目から四年目までを分けたけど、それぞれの年で残雪をとらえるためにいろいろな作戦を大造じいさんは立てているでしょう。これから学習していくのに、したことを全部言うと大変だから、作戦名をみんなで考えよう。

C　作戦名って。どういうものですか？

T　○○作戦と名前をつけます。たとえば、一年目だったらどんな作戦名がいいと思う？　ノートに書いてみて。隣の人と相談してもいいよ。

（ノートに書き始める。）

ポイント

T　先生も考えたよ。こんなのどう？（「ガンとり作戦」と書いたカードを提示する。）

C　いや、その名前はだめ。

T　えっ、この名前じゃだめなの？　だめだと思う人（全員が手を挙げる）。えっ、何でだめなの？

C　先生のつけた名前だと、どれでもいい名前だからだめなんだと思います。

C　わたしも○○さんと同じで、一年目も二年目も三年

➡作戦名をつけて、大まかな作戦の内容をとらえさせよう。

ポイント

➡ここで教師が示すと考えなくなるから、子どもに考えさせよう。

➡あえて、不十分なものを取り上げて検討させよう。

➡ここで理由を聞けば、使った物に着目できるはずだ。

➡この意見から、それぞれの年に独自の物で表現するという考えが出るはず。

目も全部ガンをとるから、「ガンとり作戦」だとどの年の作戦かわからないからだめだと思います。
T　そうか、みんなはどんな名前をつけたの？
C　ウナギつりばり作戦。
C　つりばりにタニシつけてひっかける作戦。
C　ウナギつりばり大作戦。
C　ウナギつりばり＆たたみ糸＆タニシ大作戦。
C　ウナギつりばりにタニシがついててびっくり作戦。
T　今言った人たちの共通点がわかった人？
C　ウナギつりばりを入れている。
C　使ったものを入れている。
T　どうして、使ったものを入れているの？
C　その方がどの年の作戦かわかりやすいから。
T　なるほど。使ったものを入れるとどの年の作戦かわかるわけか。それじゃあ、一年目の作戦名だけど、あんまり長いと大変だなあ。どの名前にする？
C　ウナギつりばりがシンプル。
C　短いし、それがいいと思う。
T　じゃあ、一年目は「ウナギつりばり作戦」にします。（カードに作戦名を書いて提示する。）二年目も考えよう。ノートに自分が考えた作戦名を書いてみて。

➡子どもの考えた物を出して具体的に考えよう。

➡大体、使った物が入っている。

➡共通点を聞いて、物に着目させよう。

➡使った物を入れて表現することが確認できた。短く表現させることも意識させよう。

（ノートに書く。）
T　どんな作戦名にした？
C　タニシ&小屋作戦。
C　タニシばらまき作戦。
C　タニシをばらまいて、作った小屋から打つ作戦。
C　小屋から打つ作戦。
C　タニシ五俵作戦。
T　共通点は？
C　タニシと小屋が一緒だと思います。
C　大体、タニシは入っていると思います。
T　使ったものが入っているわけだ、それじゃあ、大体似ているけど、どの作戦名にしようか。
C　タニシ&小屋作戦。
C　タニシばらまき作戦。
C　タニシ五俵作戦。
T　まとまらんね。どれも使ったものが入っていて短いから、どれでもいいんだけど。じゃあ、多数決で決めましょう。タニシ&小屋作戦（五名）。タニシばらまき作戦（一五名）。タニシ五表作戦（七名）。じゃあ、「タニシばらまき作戦」にしましょう。（カードに作戦名を書いて提示する。）次、三年目の作戦名を考えま

⬇要領をつかんだので、みんな書けている。

●ポイント
⬇このような質問は、テンポよく聞けば、どの子も答えられる。発言が苦手な子にもどんどん答えてもらおう。

⬇大体、使った物が出てきているな。共通点を確認してまとめよう。

⬇ここであまり時間をかけたくない。検討しても特に議論にもならない。多数決で決めよう。

しょう。
（ノートに書く。）
T　はい。考えた作戦名を教えて。
C　おとりのガン作戦。
C　ガンおとり作戦。
C　僕もガンおとり作戦。
C　わたしもガンおとり作戦。
T　二つの共通点は？
C　おとりのガン
C　ガンおとりとおとりのガンって順番が違うだけで、おとりのガンを使っているのは同じ。
T　それじゃあ、名前はどちらにしますか？
C　ガンおとり作戦。さっきも多かったし。
C　ガンおとり作戦が短いからいいと思う。
T　それじゃあ「ガンおとり作戦」にしましょう（カードに作戦名を書いて提示する）。作戦名を見れば、大体何をしたかがわかるね。では、最後にそれぞれの場面を一文でまとめて終わりましょう。

⬇この場面は、同じような答えになるだろう。

それぞれの年の作戦名を考えたり、それぞれの場面を一文でまとめたりする活動は、内容の大体をつかむ上で効果的な活動です。

これらの活動によって、子どもたちは場面の内容を頭の中で再構成し短くまとめることになります。これにより、内容の大体をつかむことができるのです。

子どもたちは、作戦名を考える活動では、その年独自のものを取り上げながら名前を考えていたので、内容の大体をつかむことができます。一方、本時全体を通じて、確認・説明が多くなってしまうという課題もあります。

【本時のノート】

本学級の児童は、これまでに学習してきた物語の授業で、必ずあらすじをまとめてきました。それは、物語の全体像が見えない状態では場面と場面をつなげて読むことは難しいと考えるからです。あらすじをまとめる方法として、次の二つのステップをとっています。

①場面分けをする。

②各場面を「（人物）が（言動）した。」と一文で書かせる。

※可能ならば、時や場などの要素も書き加える。

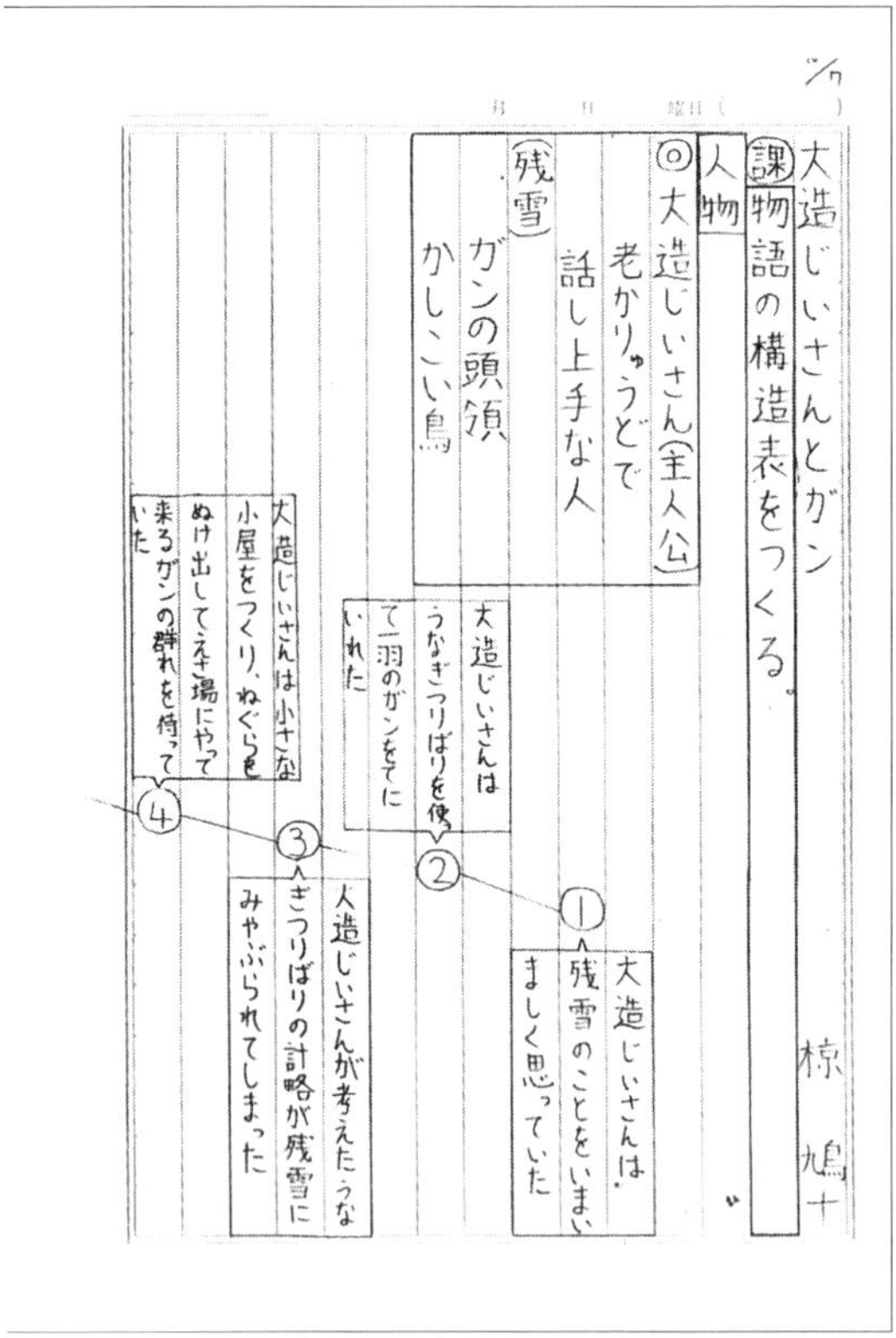
大造じいさんとガン　椋鳩十
課 物語の構造表をつくる。
人物
◎大造じいさん（主人公）
老かりゅうどで
話し上手な人
（残雪）
ガンの頭領
かしこい鳥
① 大造じいさんは残雪のことをいまいましく思っていた
② 大造じいさんはうなぎつりばりを使って一羽のガンをてにいれた
③ 大造じいさんが考えたうなぎつりばりの計略が残雪にみやぶられてしまった
④ 大造じいさんは小さな小屋をつくり、ねぐらをぬけ出してえさ場にやって来るガンの群れを待っていた

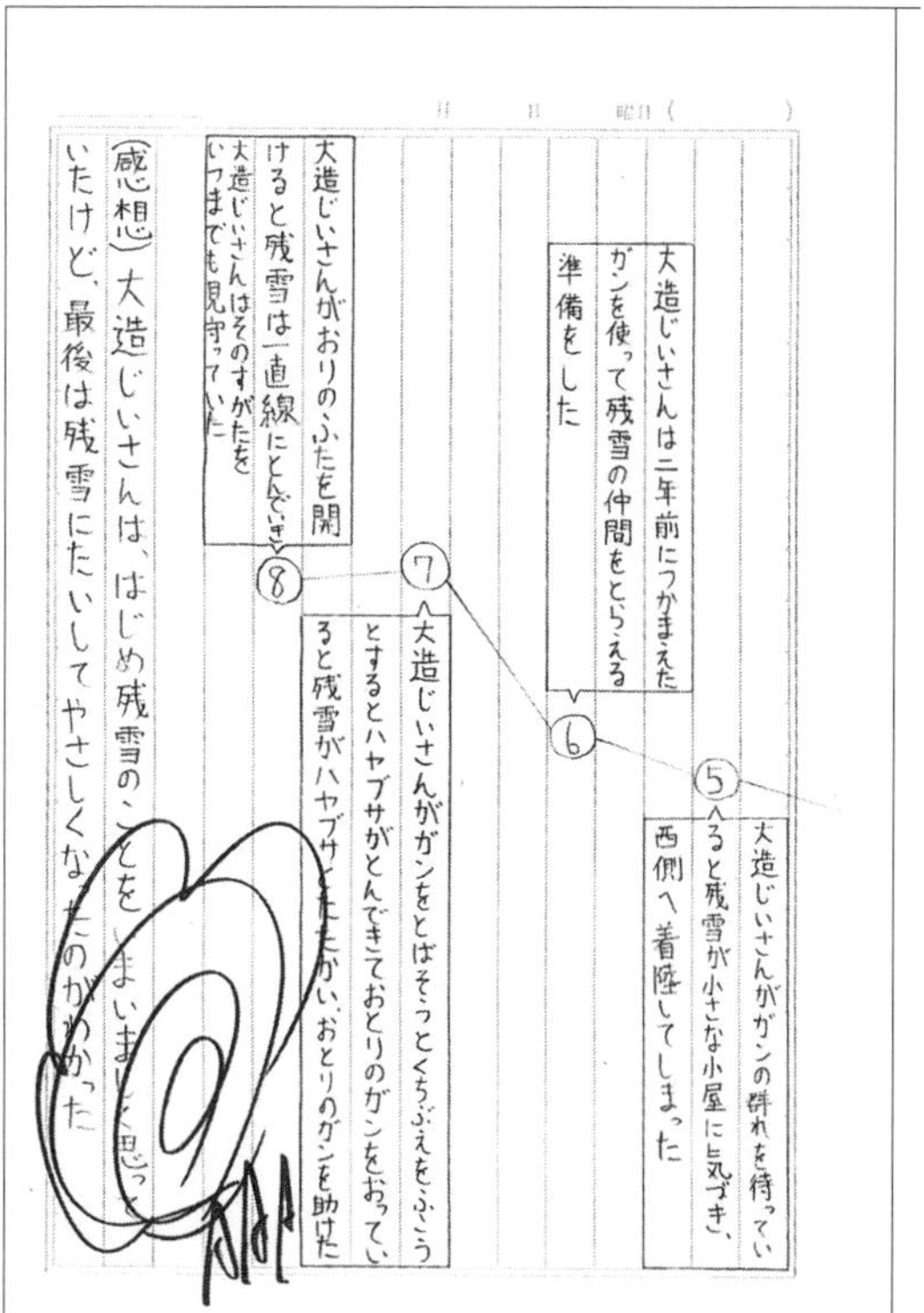

人物や感想などは四月から必ず書くように指導してきたので、指示がなくても書くようになっています。

本時のノートは授業後半の五分間で書かせましたが、時間が足りなかったので、宿題で書かせました。

第2時　「どうして、大造じいさんは残雪がいまいましいのか」について話し合う。

指導目標

○それぞれの年の大造じいさんの残雪に対する見方を考えて、大造じいさんの変化をとらえること。

大造じいさんとガン　椋鳩十

課　大造じいさんの変わったことについて考える。

設定

大造じいさん　狩人…生活がかかっている

残雪　←　いまいましい、腹が立つ、うっとうしい

ウナギつりばり作戦

課題の共有

作戦の並び替えで、出来事の展開を押さえた後、設定場面の大造じいさんの残雪に対する見方を話し合う。

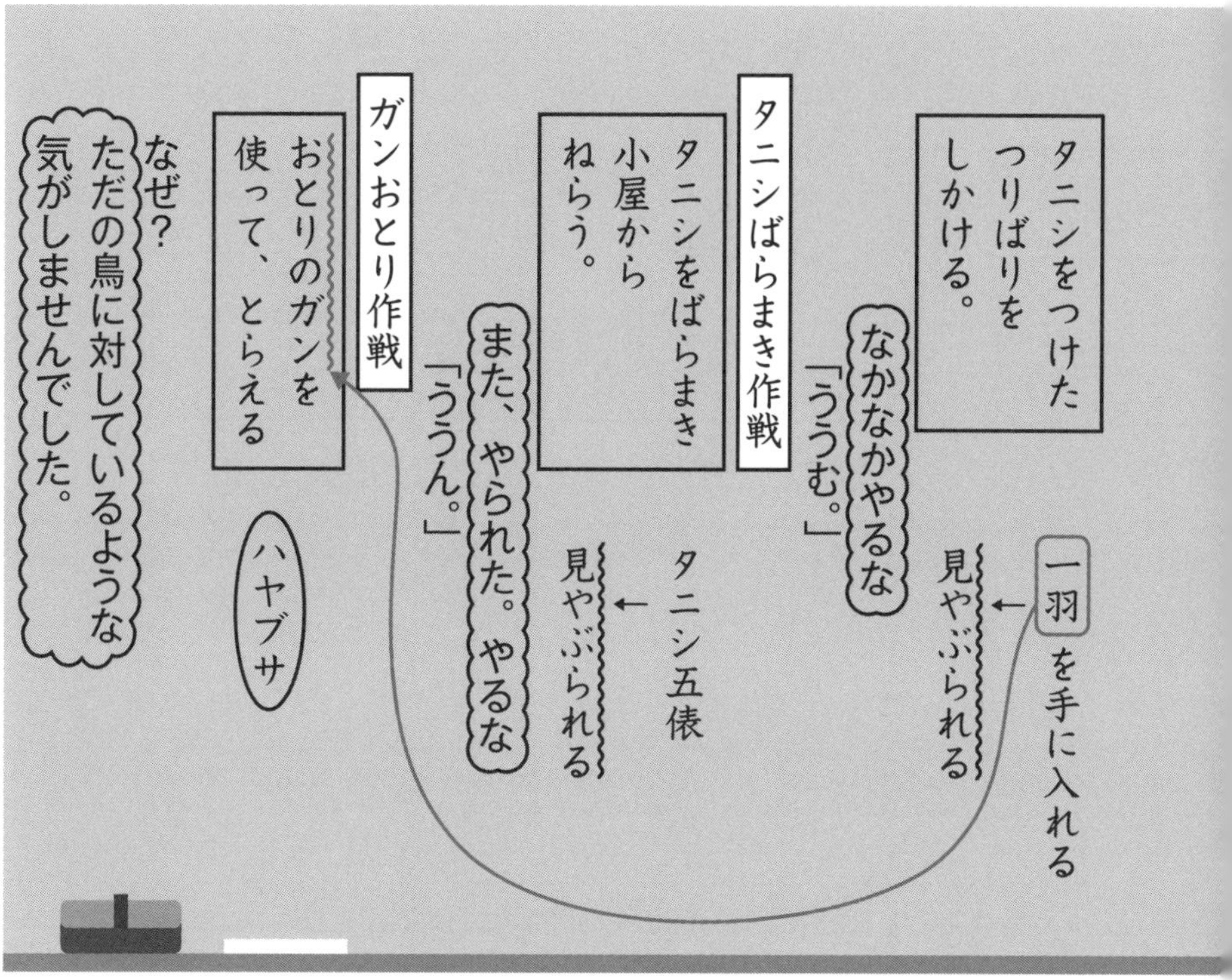

考えの発表

「なぜ、いまいましく思っているのか」について、本文から根拠を見つけて話し合う。

深める問い

それぞれの場面で、残雪に対する見方がどのように変化したかを考える。

考えのまとめ

「ただの鳥に対しているような気がしませんでした。」と大造じいさんが変化したことを押さえ、なぜ変わったかを問い、授業を終える。

大造じいさんの変化をとらえさせるためには、最初の大造じいさんの人物設定と状況、残雪の設定をとらえることが大切です。

本時では、設定場面において、大造じいさんが狩人であること、残雪が来たことでガンが一羽もとれない状況であること、大造じいさんの残雪に対する見方の三つを確実に押さえ、解釈をさせていきます。

【導入場面】

授業の実際の様子	教師の思考の流れ
T　（作戦名が書かれたカードを順番をバラバラにして貼る。）	⬇作戦名の並び替えで大まかな作品の流れを再確認しよう。
C　先生、順番が違う。 T　○○さんが順番が違うって言っているけど、どういうことかわかる？ C　作戦の順番が間違っているってことです。一番はじめは。 T　ちょっと待った。△△くんが一番はじめはって言ったけど、一番はじめの作戦がどれかわかる人。	⬇全員に参加させて確認するために、一人の発言についてみんなに考えさせよう。
C　（全員が手を挙げる。） T　じゃあ、せえので言ってみよう。せえの。	

C　ウナギつりばり作戦。
T　みんな同じだね。じゃあ、次の作戦がわかる人。前に出て並び替えてくれる。
C　（タニシばらまき作戦を二番目に置き、ガンおとり作戦を最後に置く。）
T　みんな、同じかな。
C　（うなずく。）
T　いいみたいだね。じゃあ、それぞれがどんな作戦だったか説明できる？　ウナギつりばり作戦ってどんな作戦だった？
C　タニシをつけたウナギつりばりをたくさんしかけておく作戦。
T　じゃあ、タニシばらまき作戦は？
C　タニシをばらまいて、おびき寄せておいて小屋からじゅうでねらう作戦です。
T　では、ガンおとり作戦は？
C　えっと、一年目の時に捕ったガンをおとりにして、それでそのガンをとばすと他のガンもついてくるはずだからそこをねらってとらえる作戦です。
T　なるほど。こういう作戦なのか。結果はどうだったの？

➡作戦の内容を説明させることで、場面ごとの違いを確認させよう。

➡作戦の結果について聞いて、一、二年目と三年目との違いについて考えさせよう。まずは、自由に出させよう。

C　全部だめだった。
C　残雪に見破られた。
C　一年目と二年目は見破られたけど、三年目はハヤブサが来たからやっていない。
C　一年目は一羽は手に入れたけど、そのあと見破られたから、だめ。
T　なんだか、いろいろな考えがあるみたいだね。一つずつ聞いてみるよ。ウナギつりばり作戦は成功だったと思う人。（0名）これは、みんな成功じゃないと思っているんだね。なぜ？
C　一羽のガンを手に入れたところまではまあまあよかったけど、そのあと見破られたから成功じゃない。
C　残雪を捕りたいのに、残雪を捕れなかったから失敗なんだと思います。
C　一羽のガンを捕れたから大失敗じゃないけど、残雪が捕れなかったからだめで、成功とは言えない。
T　なるほど。一羽のガンを手に入れたところはいいけれど、見破られたからだめ。そして、残雪を捕れなかったからだめってことか。じゃあ、タニシばらまき作戦は。失敗だと思う人。（全員が挙手）みんな失敗だと思っているの。どうして？

➡やはり、三年目については意見が分かれているな。

➡子どもたちそれぞれに考えが浮かんできたな。整理するために一つずつの作戦について考えさせよう。

➡この子は、一羽だけ捕れた「失敗」と一羽も捕れない「大失敗」とで分けて考えているな。

C　失敗どころか大失敗。理由は一羽もガンを捕れなかったから。一年目は捕れたからまだいいけど、二年目は全然だめ。

C　ぼくも大失敗だと思う。わけは作戦をしようと思ったら残雪にやっぱり見破られてしまって、一羽も手に入れられなかったから。

C　私も大失敗だと思う。わけは、二年目はタニシを五俵も集めたのに、それが全部無駄になってしまったから。損した気分。

T　二年目はタニシを五俵も集めたのに、結局見破られて一羽も捕れなかったから大失敗だと思っているわけだね。じゃあ、ガンおとり作戦は？

C　それは、わからない。理由はハヤブサが来たから、おとりのガンを使ってつかまえる作戦ができていないから。

C　ハヤブサが来たから、このときは、成功とか失敗じゃない。ノーカウント。

T　ノーカウントか。なるほど。ハヤブサが来たから、きちんと作戦ができていないわけだ。

C　そうそう。

T　これまで、物語は何かが変わるって学習をしてきた

➡タニシを五俵集めたことも出てきたな。

➡三年目は意見が分かれていたから、どんな考えがあるのかを全員で確認しよう。

➡今までと違う展開になって、予想外のことで作戦が予定通り行えなかったことを理解しているな。

➡物語の流れの確認はできた。本時の課題である大造じ

けど、こんな風に作戦をして見破られることを続けていくうちに、大造じいさんは変わったと思う？　変わったと思う人（全員が手を挙げる）。全員変わったと思っているんだ。じゃあ、今日の課題は、大造じいさんが変わったことについて考えることにしましょう。

T　変わったことを考える前に設定場面での大造じいさんの残雪に対する気持ちを確認しましょう。

いさんの変化につなげよう。

➡設定場面でも大造じいさんの残雪に対する気持ちを押さえる方向にもっていこう。

作戦名の並べ替えから、それぞれの作戦の内容を確認する活動では、一問一答に近い形になります。これは、確認が多くなるためです。ただ、その後の作戦が成功か失敗かを問う場面では、読者が判断することになるので、様々な読みが出されます。**子どもたちに判断させる場を用意する**ことは解釈を引き出すのに効果的です。

課題を「大造じいさんが変わったことについて考える」としましたが、その課題の出し方には学級の実態に応じて工夫を加えるとよいでしょう。

ここから本時で最も大切な設定場面の大造じいさんの残雪に対する思いを読み取る学習が始まります。思いを読み取るだけでなく、なぜ、そのような思いになっているのかを考えることで、人物像や状況にまで迫っていくようにしかけていきます。

【展開場面】

授業の実際の様子	教師の思考の流れ
T　はじめ、大造じいさんは残雪のことをどう思っていた？ C　いまいましいと思っていたと思います。	➡記述を抜き出しているな。
C　腹が立つ。 C　残雪がいるといやだなあと思っていた。 C　残雪のことをうっとうしいと思っていた。 T　今言ってくれたのは、プラスの気持ち？　それともマイナスの気持ち？　プラスだと思う人（0名）。それじゃあ、マイナスだと思う人（全員が手を挙げる）。みんなマイナスと思っているんだ。それじゃあ、どうして、大造じいさんは残雪のことをマイナスの気持ちで思っているの？	ポイント ➡ここで、プラスの気持ちかマイナスの気持ちかで大きくまとめ、その理由を考えさせよう。
C　一一六ページに「残雪が来るようになってから、一羽のガンも手に入れることができなくなったので」と書いてある。だからマイナスの気持ちなんだと思う。	➡記述をそのまま抜き出しているな。そこからなぜマイナスだと思うのか、理由を聞いて解釈を言わせよう。
T　一羽も捕れないとマイナスになっちゃうの？ C　マイナスの気持ちになるのは一羽も捕れないからで、一羽も捕れないと生活ができなくなるからだと思う。	➡生活ができなくなることに気づいているようだな。もう少し説明させよう。

T　生活ができなくなる？

C　大造じいさんは狩人で、たぶん捕ったガンとかを売って生活をしているから、仕事ができないのと一緒なんじゃないかなと思います。

C　ガンが捕れないと仕事ができないから、お金ももらえずに死んでいくしかなくなる。

C　大造じいさんは狩人だから、生活がかかっている。それなのに、残雪のせいでガンが捕れなくなったらうっとうしいとか思ってしまうと思います。残雪がいなければガンが捕れるんだから。

T　なるほど。大造じいさんは狩人だからね。狩人ってわかる？

C　動物をとって、それを売ってお金儲けをして生活している人のこと。

T　動物をとって、売ってお金を得ている。そんな狩人だからこそガンを捕ることは生活がかかっている。だから、捕れない原因の残雪をマイナスの気持ちで思っているんだ。それじゃあ、大造じいさんは残雪のことをずっとマイナスの気持ちで思っている？

C　ううん。途中で変わる。だって、最後はえらぶつとか、英雄って言ってるし。

ポイント

➡狩人という設定に触れたな。狩人が仕事であることは大体理解しているようだ。

➡狩人の意味を全体で確認しよう。

C　最後はライバルとして認めるようになった。
T　それじゃあ、マイナスの気持ちは変わっていくんだ？
C　ちょっとずつ変わってる気がする。
T　えっ、ちょっとずつ変わっているの。みんなは、○○さんが今言ったことばの意味がわかる？
C　毎年、ちょっとずつプラスになってるってことだと思います。
C　見破られたときとかにプラスになっていると思います。
T　なるほど、毎年残雪に対してプラスになっているんだね。どこから、プラスになっているってわかるの？それぞれの年でプラスになっているとわかるところに線を引いていきましょう。まずはウナギつりばり作戦のところだけで。（教科書に線を引く。）
T　線を引いたところとその理由をペアで交流しましょう。（ペアで話し合い。）
T　それじゃあ、全体でやりましょう。線を引いたところだけ教えてください。
C　一一九ページの「『ううむ。』大造じいさんは思わず感嘆の声をもらしてしまいました。」のところです。

➡最後の場面のことに触れているな。大まかに人物の変化はとらえられているぞ。

➡解釈まで出てきているな。

●ポイント
➡この考えは展開場面の読みに生かせる。詳しく聞こう。

➡変化の根拠となる叙述を見つけさせよう。

➡友達の意見を聞かせることで、自分の考えの確認をさせるためにペアで話をさせよう。

➡やはり、このことばが出てきたな。

Ｔ　同じところに線を引いた人（ほぼ全員が手を挙げる）。ほとんどの人がこの部分に線を引いているみたいだね。では、なぜここからプラスになったとわかるの。その理由を教えて。
Ｃ　「ううむ。」って言っているところから、なかなかやるなっていう気持ちがあったんだと思います。
Ｃ　作戦を見破られて、それを仲間に指導した残雪はすごいと思ったから、「ううむ。」と感嘆の声をもらしたんだと思います。
Ｔ　「感嘆」ってどういう意味なの。
Ｃ　感心してほめたたえること。
Ｔ　（板書の「ううむ。」を指しながら）このことばにはそういった気持ちが込められているわけか。では、タニシばらまき作戦のところでプラスになったとわかるところに線を引きましょう。その後、またペアで交流します（教科書に線を引く）。
Ｔ　はい。ペアで交流。必ず、理由も言いましょう。
（ペアで交流。）
Ｔ　では、全体でやります。どこに線を引いた？
Ｃ　さっきと似てるんだけど、一二二ページの『「ううん。』と、うなってしまいました。」のところです。

➡「ううむ。」がプラスになる理由を聞いて、解釈を引きだそう。

➡感嘆の意味について確認して、大造じいさんの変化についてとらえさせよう。

➡一年目が最後の部分で変化したことから、二年目も同じような場所に線を引いているようだ。

➡やはり、大造じいさんの会話文に着目したな。理由を

T　ここに線を引いた人。（全員が手を挙げる。）みんな線を引いているんだ。どうして？

C　さっきと同じで、作戦を見破られたことで、また、やられたっていう気持ちになったのと、それと、なかなかやるなって気持ちにまたなった。

T　また、なかなかやるなって気持ちになったんだ。

C　○○君と同じで、またやられたって気持ちもあるけど、やるなお主みたいな気持ちがあったんだと思います。それで、『ううん。』って感じで言ったんだと思います。

T　なるほど。『ううん。』て言うのは、やられた気持ちとやるなって気持ちが両方あるわけだ。それじゃあ、ガンおとり作戦のときに残雪への見方がプラスに変わるところがあるのかな？　教科書に線を引きましょう。

（教科書に線を引く。）

T　ペアで交流します。（ペアで交流。）

T　では、全体で交流しましょう。どこに線を引いた？

C　ぼくは、一二九ページの「ただの鳥に対しているような気がしませんでした。」のところに線を引きました。

T　同じところに線を引いた人（全員が手を挙げる）。よし、それじゃあ、どうしてここに線を引いたの？

聞いてみよう。

↓悔しさだけでなく、感心する気持ちも含まれているという考えだな。

↓みんなすぐに線を引き始めたな。

↓大造じいさんの心情が直接書かれている部分を見つけているな。

C　はじめは、いまいましいだったのが、ただの鳥に対していているような気がしませんでしたに変わっている。
C　この時には、残雪のことをすごいと思っている。
C　ハヤブサからおとりのガンを助けてくれたから、残雪ってすごいって思って、ただの鳥じゃないと思っているんだと思います。
T　なるほど、この「ただの鳥に対している気がしない」というところには、そういった気持ちが込められているわけか。それでプラスになったと思っているんだね。では、今日はここまでですが、最後に一つ。なぜ、大造じいさんは残雪に対してただの鳥に対している気がしませんでしたと変わっていったのでしょうか。残雪の何をすごいなあと思ったのかな。これを次の時間に考えましょう。

➡大造じいさんの残雪に対する見方の変化に関わる箇所の叙述を見つけられているな。しかし、「たかが鳥」の箇所には気づいていないみたいだ。そこは、次回の学習で扱おう。

➡残雪をすごいと感じたから、ただの鳥に対している気がしないというつながりに気づいたな。


本時では、設定場面の大造じいさんの残雪に対する気持ちを読み取らせるとともに、気持ちの変化をとらえさせることを意図して授業を展開しています。

導入場面での作戦が成功か失敗かは子どもたちに判断させる問いであるので、子どもたちはしっかりと考え、解釈を深めることができます。

展開場面では、設定場面の残雪に対する気持ちを考えます。いまいましく思っていた理由を詳しく聞くことで、狩人という人物設定とつなげて考えさせることができます。また、だんだんと変わったという児童の読みを叙述とつなげて考えさせると効果的です。

文学作品を読むことの授業では、つながりをとらえさせることが大切です。ことばとことばのつながり、場面と場面とのつながりなど、様々なつながりを授業の中で気づかせることが大切になってきます。

【終末段階で子どもたちが書いた振り返り例】

●今日の学習では、大造じいさんは、残雪がいることでガンを一羽もとることができなくなって、生活ができなくなるから、残雪のことをいまいましく思っていたことが分かりました。自分も同じことになったら、うっとうしいとか思ってしまうかもしれないです。

●わたしは、今日の学習で大造じいさんははじめは生活がかかっていまいましく思っていたけど、だんだん変わっていって、最後にはただの鳥じゃないすごい鳥だと思うようになってライバルとみとめたことが分かりました。

第3時　「大造じいさんの変化を考える」について話し合う。

指導目標
○大造じいさんの残雪に対する見方が「どのように」「どうして」変化したのかを叙述をもとに解釈すること。

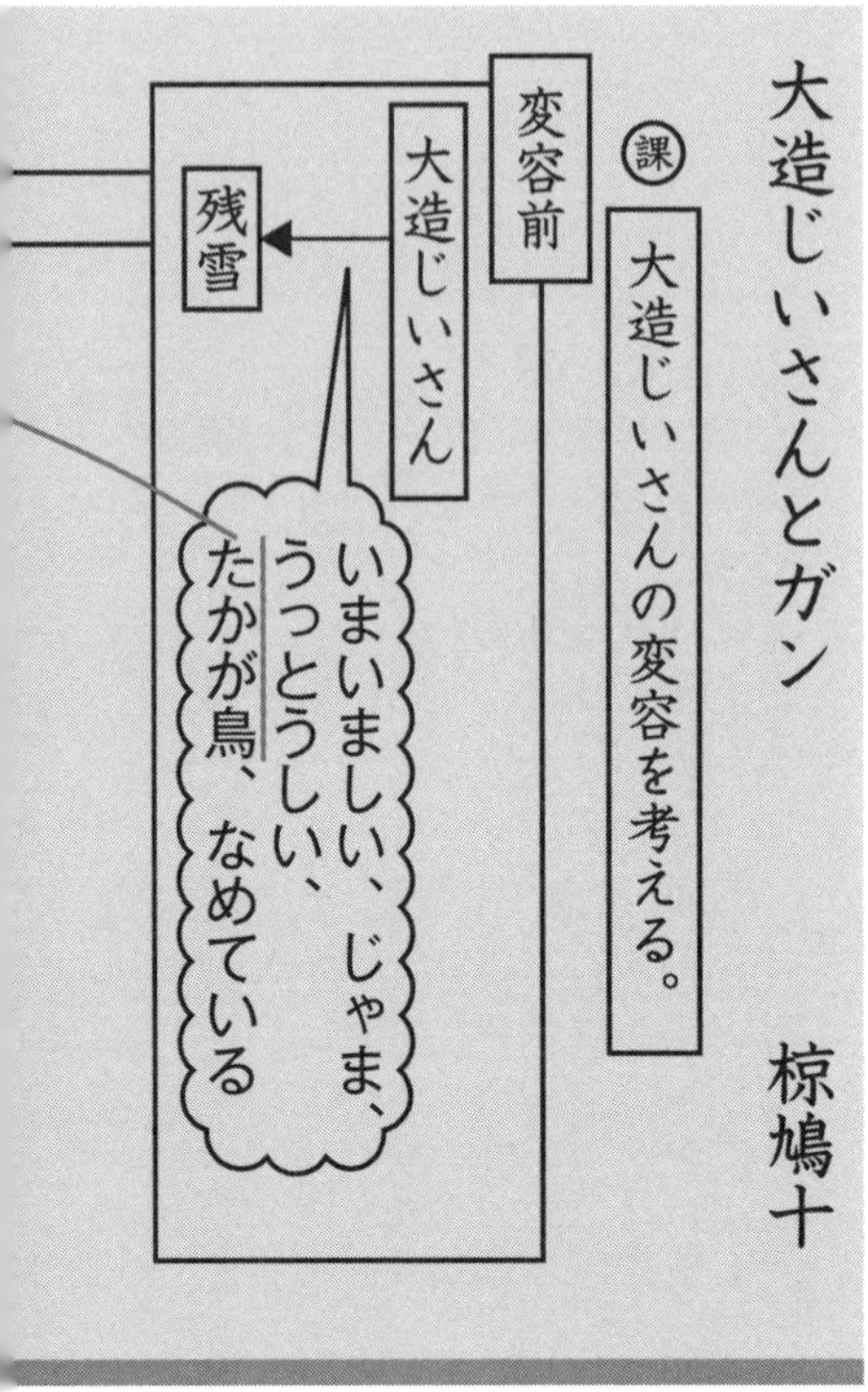

課題の共有

設定場面での大造じいさんの残雪に対する思いと、大造じいさんが変わったことを確認する。

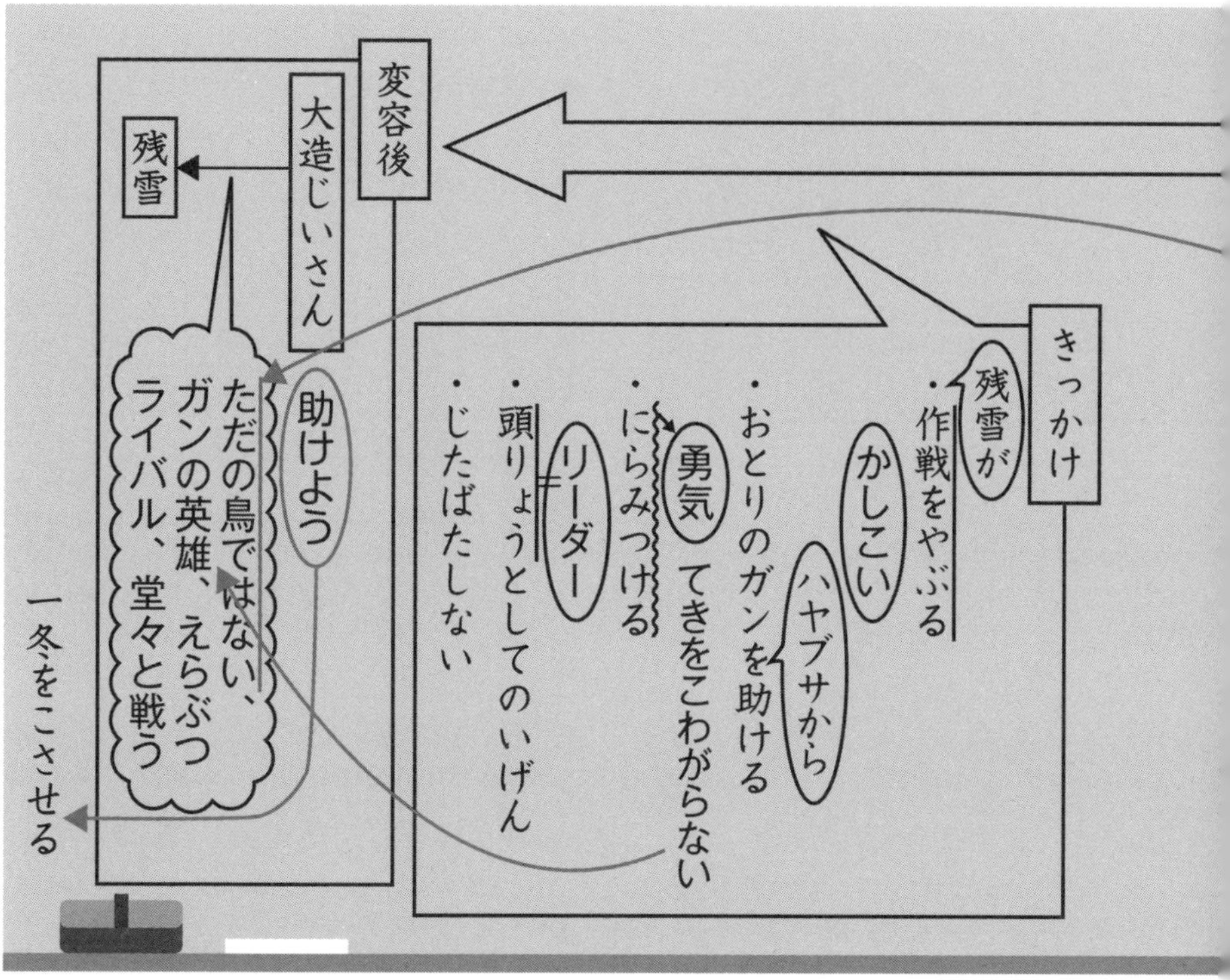

考えの発表

大造じいさんの残雪に対する思いが「どのように」「どうして」変わったかを話し合う。

深める問い

「変わったきっかけはおとりのガンを助けたことだけか」と問い、残雪の行為に目を向けさせる。

考えのまとめ

大造じいさんの残雪に対する見方の変化について、本時での話し合いをもとに個人でまとめる。

本時では、大造じいさんの残雪に対する見方の変化を話し合います。主人公の変化の因果関係をとらえる読みです。前時に学習した設定場面における大造じいさんが残雪に対して「いまいましい」と思っていたことを確認し、「どのように」「どうして」変化したかを話し合っていきます。

【導入場面】

授業の実際の様子

T　昨日、大造じいさんの残雪に対する思いを考えたね。大造じいさんは残雪のことを最初にどう思っていたんだったっけ。

C　いまいましいと思っていた。

C　じゃまな存在。

C　うっとうしい。

T　なんでそんなふうに思っていたの。

C　残雪のせいでガンが一羽も捕れないから。だから、あいつがいなければばと思っていた。

T　○○さんが手を挙げていたみたいだけど、他の思いがある？

C　うん。たかが鳥だと思っている。

教師の思考の流れ

⬇ここでの確認が大造じいさんの残雪に対する思いの変化につながる。しっかり確認しよう。

⬇前の時間に出ていた思いは全部出たが、○○さんが手を挙げている。○○さんは何に気づいたのだろう。先にこれらの思いの理由を簡単に確認して、聞いてみよう。

T　どこにあった。

C　第三場面の最後の方。一二九ページの二行目です。

T　おおっ、たしかにあるね。よく見つけたなあ。たかが鳥っていうのは、どんな感じがする。

C　なんか、なめている感じがする。

C　ばかにしている。

T　なめている。ばかにしている。なるほどね。前回は、それぞれの場面での大造じいさんの変化について考えたけれど、大造じいさんは最後まで残雪のことを「たかが鳥」だとばかにしていたのかな。最後までばかにしていたと思う人はグーを、ばかにしていたのが変わったと思う人はパーを挙げましょう。せえの。

（全員パーを挙げる。）

T　あれ、全員パーなんだね。大造じいさんは本当に変わった？

C　変わってるよ。変わってる。

T　どうして変わったと思うのか、ペアで話してみて。

（ペアで話し合い。）

T　それじゃあ、今日の課題は「大造じいさんの変容を考える」にしようか。みんなは、大造じいさんが変わったと言うけれど、「どのように」変わったのか、「ど

⬇これは前時には出ずに、本時扱おうと思っていた叙述だ。全員で確認しよう。

⬇よし、このことばからも残雪に対する否定的な思いを読み取らせよう。

⬇よし、本時の課題へと移ろう。

ポイント
⬇全員に参加させるために手で考えを表明させよう。

⬇全員変わったことには気づいている。よし、ここで、ペアで交流させて全員が考えをもてるようにしておこう。

⬇どのペアも話ができているな。これなら、自分の考えを書くことができそうだ。

うして」変わったのかを考えよう。いつものように、「変容前」と「きっかけ」、「変容後」でノートに自分の考えをまとめて。
（子どもたちがノートに自分の考えを書き始める。）

➡どの子もノートに書き始めているな。

前時に確認した設定場面での大造じいさんの残雪に対する思いをもとに、大造じいさんの変容を考える本時の学習へと移ります。

普段から変容を考える際には「変容前」「きっかけ」「変容後」の枠組みで考えさせるようにすることで、子どもたちはすぐにノートに記述することができます（子どもたちから変わっていないところがあるという意見が出た場合は、本時の課題に加えて「変わっていないことは何か」と問います）。出ないときは、「どのように」「どうして」変わったかを視点に問います。

展開場面では、「どのように」「どうして」変わったかについて自分の考えをまとめさせ、その後に話し合わせます。特に「どうして」変わったかについては、深く考えさせるため、おとりのガンを助けたことだけがきっかけなのかどうかを考えさせていきます。

【展開場面】

授業の実際の様子	教師の思考の流れ
T （子どもたちがノートに書いたのを机間指導で確認し、ペアで話し合わせた後、全体の場で発表させる。） T 大体書けたみたいですね。それじゃあ、大造じいさんは「どのように」変わったのか発表しましょう。 C わたしは、はじめは「たかが鳥」と思ってばかにしていたけど、「ただの鳥に対しているような気がしない」と思うように変わった。 C わたしは、はじめは「いまいましい」とか「うっとうしい」と思っていたけど、最後は「ガンの英雄」と思うようになった。 C ぼくも似ていて最後には「がんの英雄」とか「えらぶつ」と言うように変わったと思います。 T なるほどね。○○さんは、どう考えたの。 C わたしはちょっと違うんだけど、残雪のことをはじめは「たかが鳥」と思っていたのが、最後には「ライバル」と思うようになったんじゃないかと思います。理由は……。 T ちょっと待った。残雪を「ライバル」と思っている	➡全員がある程度書けたな。書き抜きが多いが、それをもとに話し合わせよう。 ➡ほとんどの子が文章の記述を抜き出しているな。ここで、机間指導で見つけた「ライバル」と書いていた子を当てて全体に広げよう。 **ポイント** **➡理由を言わせたら、全員の課題にならないので、ここは理由を言わせずに全体に考えさせよう。**

の？　みんなはどう思う。残雪を「ライバル」と思っているのかな？　大造じいさんが残雪をライバルと思っていると思う人（ほとんどの子が挙手）。こんなにたくさんの人が思っているんだ。どうしてそう思うの？

C　だって、これまでもいろいろな作戦を立てたけど、負けてしまったし、どうしても勝ちたいと思っているから。

C　わたしはライバルだと思っているんだと思います。わけは何度も負けて勝ちたいっていう気持ちもあるけど、最後に「堂々と戦おう」と言っているから、ライバルと考えているんだと思います。

T　「堂々と戦おう」と言ったらライバルなの。みんなはどう思う？

C　ライバルだからこそ、堂々と戦おうと言ってるんだと思います。別にどうでもいい相手だったら堂々と戦わなくてもいいし。

C　それもそうなんだけど、残雪がガンを助けたところを見て、ハヤブサに仲間がおそわれているのを…。

T　おとりのガンのことね。

C　そう。おとりのガンがハヤブサに襲われているのを逃げずに助ける鳥だから、自分よりもすごいと思った

⬇大体の子がライバルだと思っていると感じているんだな。ここはその理由を聞いてみよう。

⬇これまでの戦いを根拠にしているな。

⬇「堂々と戦おう」が出てきたな。これは全体に広げよう。

⬇なるほど。どうでもいい相手とどうでもよくない相手（ライバル）で考えているわけだな。

●ポイント

⬇「仲間」と「おとり」をはっきりさせておこう。

んじゃないかなと思います。だからライバルとして認めたんだと思います。

T　なるほど。どうでもいい相手じゃない。自分よりもすごいと思った。だからライバルと思ったわけだ。そして、〇〇さんはそう思ったのはおとりのガンを助けたからだと考えているんだ（「おとりのガンを助ける」と板書する）。変わったきっかけは、おとりのガンを助けたからなんだ。

C　それもあるけど、それまでにいろいろな作戦を破ったこともあると思います。

T　どういうこと。

C　ウナギつりばり作戦とかタニシばらまき作戦とかをしたけど、やっつけることができなかったから、それですごいと思ったんじゃないかと思う。

C　ぼくも同じで、残雪がかしこいから倒せないことがきっかけなんだと思います。

T　（「かしこい」と板書しながら）なるほど、かしこいからライバルと考えたわけね。じゃあ、一年目からライバルだと思っていたの。

C　ぼくは、ライバルだと思っていたと思う。

C　いや、少しはあったと思うけど、三年目でライバル

➡自分よりもすごいという考えか。ここを掘り下げたいが、それよりも「おとりのガンを助けた」というきっかけが出てきたので、そちらを話題の中心にしよう。

➡それまでの作戦を破ったことが出てきたな。場面のつながりを意識できている。

➡かしこいというキーワードが出てきた。

➡三年目の出来事に目を向けさせよう。

➡一、二年目と三年目との違いのことを言っているな。

だと思ったんじゃないかと思う。
T　え、なんで三年目？
C　それまでも、すごいと思うことはあったけど、ハヤブサから助けたところでライバルになったんだと思う。
T　みんなはどう思う。三年目でライバルになったと思う。
C　さっきも○○さんが言ったけど、ハヤブサからおとりのガンを助けたから、自分よりもすごいと思ったから、三年目でライバルだと思ったんだと思います。
C　こわい敵にいどんだから、自分よりもすごいと思ってライバルと思った。
C　わたしも、こわい敵というか、自分よりも強いハヤブサに体当たりをしたりしたから三年目でライバルと思ったんだと思います。
C　こわい敵に立ち向かうところが自分よりもすごいと思ったんだと思う。
C　大造じいさんにも挑んでるし。
T　大造じいさんに挑んでいるってどういうこと？
C　えっ。だって、大造じいさんを正面からにらんでいるって書いてあるから。大造じいさんにも挑んでいるんじゃないかなと思う。

もう一人聞いてみよう。

➡おとりのガンをハヤブサから助けたことが出てきた。話題をそこに戻そう。

➡しまった。このままだと堂々巡りになってしまう。他の子の考えも聞いてみよう。

➡「大造じいさんに挑む」という考えが出てきた。きっとこの子は「正面からにらみつける」ことを言っているのだろう。よし、全体で確認をしよう。

T　みんなは○○くんの言ったことがわかる。ペアで確認して。
（ペアで確認。）
T　○○くんの言いたいことがわかった？
C　大造じいさんを正面からにらんでいるから、けがをしているのにそういうふうにしているのですごいと思ったんだと思います。
C　大造じいさんが来てもにらみつけて、怖がっていないところが勇気があると思ったんじゃないかと思います。
C　わたしも勇気があるところを見て、ライバルと思ったんだと考えました。わけは、大造じいさんをにらみつけるところもだけど、ハヤブサに体当たりしたところも勇気があると思ったからです（「勇気」と板書）。
C　あと、じたばたしないところとか、頭領としてのいげんを傷つけまいと努力しているところも勇気があると思ったんだと思います。
T　頭領としてのいげんって？
C　リーダーっぽいってことだと思う。
T　なるほど。そこに「最期」ってかいてあるけど、どんな意味なの。

ポイント

⬇全体ではわかっていない子が多いだろう。ペアで確認をさせよう。

⬇残雪の勇気というキーワードが出た。

⬇頭領というキーワードが出てきたな。これは全体に広げよう。

⬇頭領としての威厳をイメージさせるために「最期」の意味について尋ねよう。

C　命の終わるとき。死に際って書いてある。
C　自分が死ぬのにじたばたしてないから、そこから、ガンの英雄と思ったと思う。
T　なるほど、だから、ガンの英雄につながるわけね。
C　わたしは、大造じいさんのガンを助けたから、助けようとする気持ちになったと思います。
T　助けようとする気持ちってどういうこと？
C　自分のガンを助けれくれたから、傷ついた残雪を助けようとしたんだと思います。だから、一冬を過ごしたんだと思います。
T　へえ、おもしろいね。助けてもらったから助けた。

➡頭領としての威厳を傷つけまいとする姿がイメージできてきたな。
➡どういうことだ。○○さんの考えをもっと聞いてみよう。
➡この子は、一冬をこさせることをそこでつなげたのか。

最後にここまでの話し合いを教師が振り返って説明をします。

本時のように変容について考える話し合いでは、全員の子が参加することができるよう、「変容前」「きっかけ」「変容後」という枠組みを与えて考えさせるようにします。また、所々でペアトークを入れて進めることで、参加を促します。

子どもたちは、はじめ叙述を抜き出して大造じいさんの変容について考えていきます。話し合いの途中でキーワードとなることば（本時では「ライバル」）を書いていた子どもに発表させ、叙述から解釈へと話し合いの方向づけを行います。子どもの側から出てきたことば（「大造じいさんにも挑んでいる」）を全体に広げます。

つい教師は自分の考えに合うものが出ると「そうですね。」といって進めてしまいがちですが、案外、子どもたちはわかっていないことが多いものです。ですから、一人の発言を全体に返すということが大切です。本時では、最後に結末場面での大造じいさんの行動とつなげた「大造じいさんのガンを助けてもらったから助けようという気持ちになった。」という教師の予想を超える意見が出されましたが、そのような場合には、問い返すことでその子の考えの理由を確認することができるでしょう。

【終末段階で子どもたちが書いたまとめ】

●はじめは残雪のことをたかが鳥とかいまいましいとか思っていたけれど、残雪がおとりのガンを助けたところを見て、残雪という鳥は仲間がハヤブサにおそわれているのに、にげずに仲間を助ける鳥だと分かったから、最後にはがんの英ゆうと思うように変わった。

●はじめは残雪のことをいまいましく思い、たかが鳥だとばかにしていたけれど、おとりのガンがハヤブサに追いかけられている時、仲間のガンを助けるためにハヤブサと戦ったり、自分がけがをしているにもかかわらず大造じいさんをにらみつけたりするところを見て感動したから、残雪のことをただの鳥に対している気がしなかったり、ガンの英ゆうやえらぶつと思うように変わった。

子どもたちのまとめを見ると、大造じいさんの残雪に対する見方の変化を出来事をもとに読み取ることができています。一方で、ほとんどの子どもがきっかけの部分で出来事の記述にとどまってしまうこともあります。出来事や大造じいさんの行動から心情を解釈させる工夫が必要な場合もあるでしょう。

【本時の子どものノート】

物語の授業の核は主人公の変化です。それを意識させるために、板書でもノートでも「変容前」、「きっかけ」、「変容後」を図解した枠組みを示しています。この枠組みを意識させることで、子どもたちは少しずつですが、主人公の変化を解釈することができるようになってきました。

今回は「変容前」と「変容後」に、簡単な人物関係図を書かせました。このように、様々な図解の方法を組み合わせていくことで、より読みを深めることができるようになると考えています。

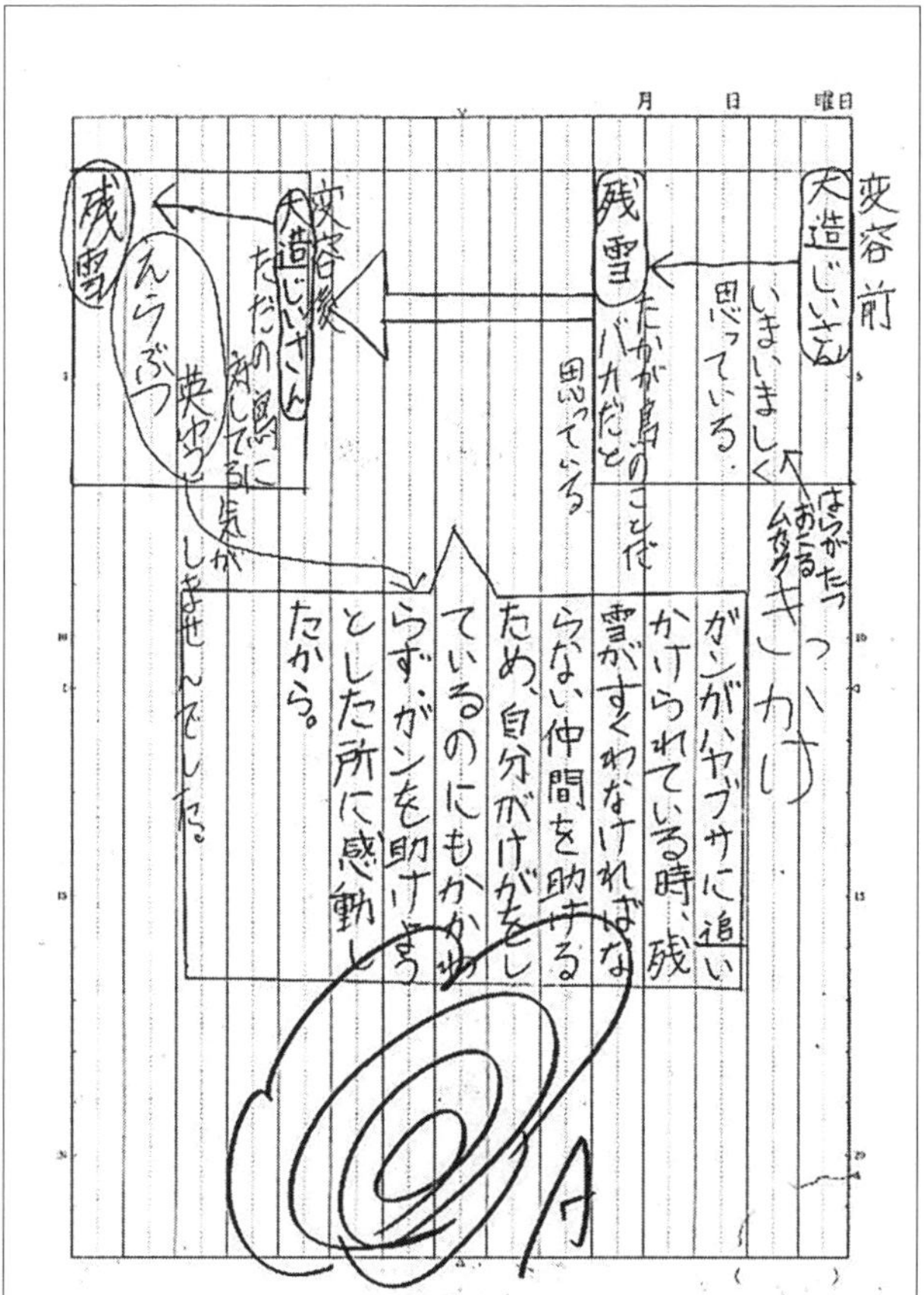
月　日　曜日
変容前
大造じいさん
いまいましく思っている。
はらがたつ
おこる
ムカつく
残雪
たかが鳥のことだ
バカだと思っている
きっかけ
ガンがハヤブサに追いかけられている時、残雪がすくわなければならない仲間を助けるため、自分がけがをしているのにもかかわらず、ガンを助けようとした所に感動したから。
変容後
大造じいさん
ただの鳥に対してる気がしませんでした。
残雪
えらぶつ
英ゆう

第4時 「大造じいさんはひきょうなやり方で残雪をやっつけようとしたのか」について話し合う。

指導目標

○「ひきょうなやり方」について話し合うことを通して、大造じいさんのものの見方・考え方をとらえること。

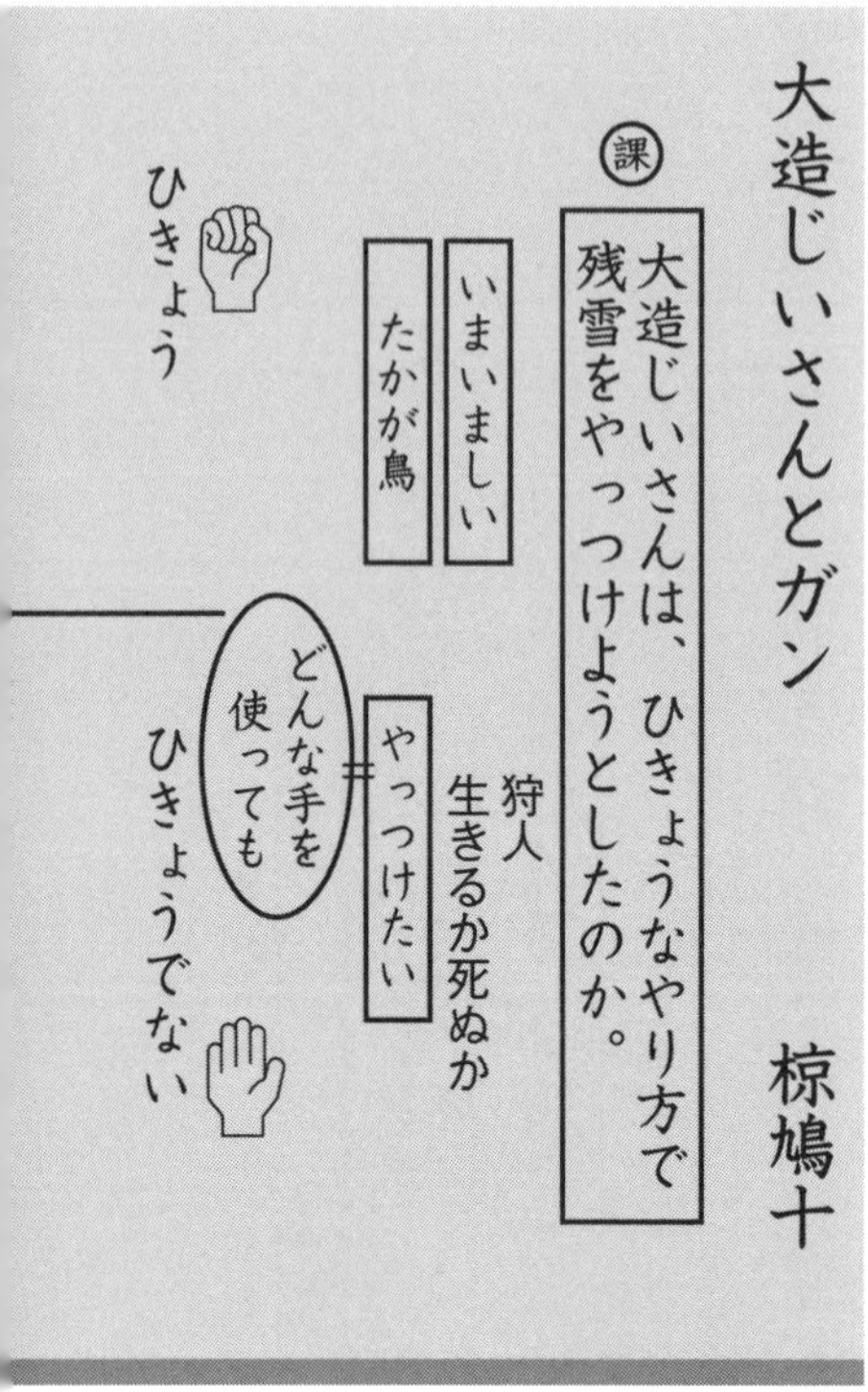

課題の共有

「大造じいさんはひきょうなやり方で残雪をやっつけようとしたのか」について考える。

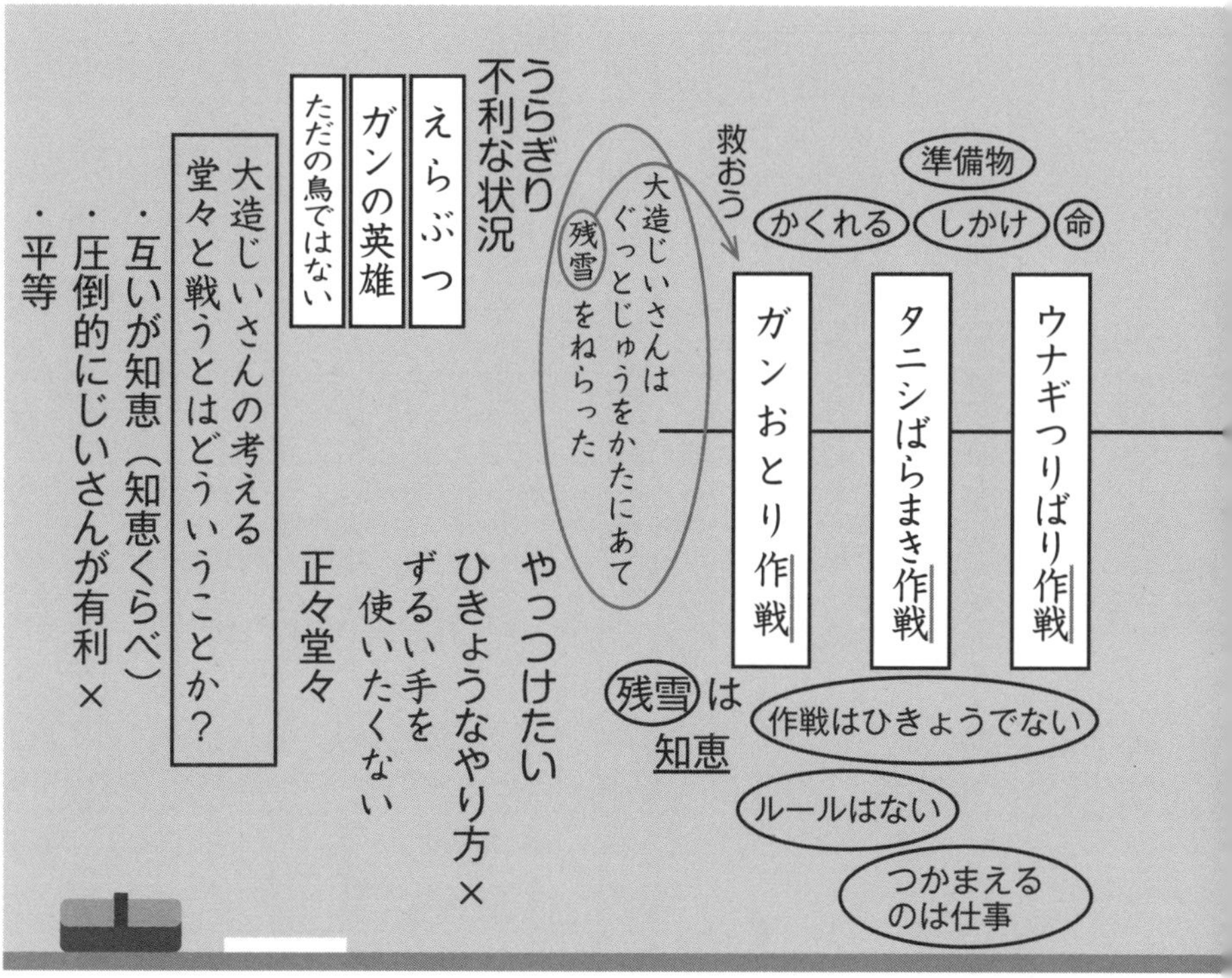

考えの発表

本文を根拠に課題に対する自分の考えを発表する。

深める問い

大造じいさんが銃を肩に当て、残雪をねらった瞬間はひきょうかどうかを考える。

考えのまとめ

「大造じいさんの考える堂々と戦うとはどういうことか」について、自分の考えをまとめる。

本時では、大造じいさんの言う「ひきょうなやり方」「堂々と戦う」について考えることを通して、大造じいさんのものの見方・考え方をとらえる学習を行います。

導入場面では、「大造じいさんはひきょうなやり方で残雪をやっつけようとしたのか」について、子どもたちに判断させます。そうすることで、子どもたちの中に問題意識をもたせることができます。子どもたちの中にある問題意識が読みの推進力になります。

また、最初に大造じいさんの心情や作戦の並び替えをしますが、これはひきょうなやり方を具体的に考えるための布石です。この活動が展開の後半に生きてきます。

【導入場面】

授業の実際の様子	教師の思考の流れ
T（作戦が書かれたカードを黒板に貼る。） T まずは、大造じいさんが行った作戦の順番を確認しよう（「ウナギつりばり作戦」「タニシばらまき作戦」「ガンおとり作戦」のカードを並び替える）。 T この前の時間は大造じいさんの変容を考えました。今から出すカードは変容前と後のどちらの心情でしょうか。	⬇ここはテンポよく進めよう。 ⬇大造じいさんの残雪に対する見方の変化は簡単に把握できるはず。最後の「やっつけたい」というカードで今日の課題につなげよう。

ポイント

「いまいましい」「えらぶつ」「ガンの英雄」「たかが鳥」「ただの鳥ではない」を出した後、「やっつけたい」を出す。

C　えっ、やっつけたい？

T　やっつけたいはどっちかな。変容前だと思う人はグー、変容後だと思う人はパーで挙げましょう。

（グーもパーも数名が挙げているが、挙げていない子が多い。グーパーの両方を挙げている子が一名。）

T　あれ、どっちかわからない人が多いね。それにどっちも挙げている人もいるし。ちょっとペアで相談してごらん（ペアで話した後、全体で再度確認する）。

T　もう一度、手を挙げてもらいます。変容前がグー、変容後がパーです。はい、どうぞ（両方を挙げる子がほとんど。グーの子が二名、パーの子が0名）。

T　ほとんどの子が両方を挙げているね。グーだけの人もいるけど。まずはグーだけの人から考えを聞いてみようか。

C　はじめはやっつけようと思っていたけど、最後はやっつけたくはないぞって言っているから。やっつけたいは変容前だと思う。

➡やはり、ここで立ち止まったぞ。

➡グーパーを挙げる子がもっといると思ったが、思ったより悩んでいる子が多いな。

➡「『やっつけたい』は両方なんじゃない。」という声が聞こえる。もういいだろう。

➡ほとんどが両方になったが、グーの子がいるな。はじめにこの子たちの考えを聞こう。

➡この子は「ひきょうなやり方でやっつけたかあないぞ」の、やっつけたくないだけをとらえているんだな。

C　ぼくも、やっつけたくないぞと言っているから、やっつけたいのはグー（変容前）だけだと思う。
C　エーッ、それはちがうんじゃない。
T　えっ、ちがうの。でも、そういうふうに書いてあるんでしょ。
C　先生それは違うと思います。わけは「やっつけたかあないぞ」じゃなくて、「おれは、ひきょうなやり方でやっつけたかあないぞ」って書いてあるから…。
T　待った。○○さんが言いたいことわかる？　ちょっとペアで話し合って（ペアで話した後、発表）。
T　○○さんが言いたいこと、わかった？
C　ひきょうなやり方でやっつけるのが嫌なだけで、残雪をやっつけたいとは思っているんだと思う。
C　わたしも同じで、大造じいさんはひきょうなやり方がだめなだけで、残雪をやっつけたいのは変わっていない。わけは、「また戦おうじゃないか」と書いてあるから。
C　大造じいさんは、はじめはどんな手を使ってもやっつけたいと思っていたのが、ずるい手を使いたくないと思って、ずるい手を使わずに正々堂々とやっつけたいと思っていると思う。

➡この子も同じところを同じように読んでいるな。

➡「ひきょうなやり方でやっつけたかあないぞ」に着目させよう。

➡「ひきょうなやり方」が出てきたぞ。うなずいている子も多い。みんなに確認させるため、全部言わせずに全体に広げよう。

➡大体の子が話し合うことができているな。

➡ひきょうなやり方でやっつけたくないだけで、やっつけたい思いがあることがわかったな。

➡きちんと文章を根拠にしているな。

➡ここで堂々が出てきたか。これは授業後半で扱おう。

T　なるほど。ひきょうなやり方ではなく堂々とやっつけたいんだ。みんなはどこを見て、そう考えたの？

C　一三一ページの五行目からの会話文のところ。

T　そこを全員で音読しよう。（大造じいさんの会話文を音読。）

T　大造じいさんは「ひきょうなやり方でやっつけたかあないぞ。」と言っているけど、大造じいさんはひきょうなやり方で残雪をやっつけようとしたのかな？

　ひきょうなやり方でやっつけようとしたと思う人はグー、そうでないと思う人はパーを挙げましょう。せえの（グーとパーがほぼ同じ数。やや、パーが多い）。

T　ペアで自分の考えとその理由を交流しましょう。

（ペアで話し合う。）

T　それでは、自分の考えをノートに書きましょう。まず、ひきょうなやり方でやっつけようとしたと思った人は○を書いて、そうでないと思う人は×を書いて、それから理由を書きましょう（子どもたちがノートに記述する）。

➡全員で音読をしてから、本時の課題に移ろう。

ポイント

➡意見が割れたな。この「ズレ」を生かそう。まず、ペアで話をさせて、それから自分の考えをまとめさせよう

➡どの子も書き始めているな。

「やっつけたい」のカードをきっかけに本時の課題へとつなげます。また、子どもたちは「大造じいさんはひきょうなやり方で残雪をやっつけようとしたのか」という問いに対して意見が分かれます。この「ズレ」を生かして、展開場面での話し合いを行うことができます。

展開場面では、子どもたちに話し合わせる中でひきょう（あるいは、ひきょうでない）と判断した理由を交流させることで、大造じいさんのものの見方・考え方にせまろうと考えました。また、ハヤブサからおとりのガンを助けるときに、銃を肩に当て、残雪をねらったところに着目させたいと考え、授業を展開しました。

【展開場面】

授業の実際の様子	教師の思考の流れ
T　それじゃあ、もう一度聞いてみます。グーとパーのどちらかを挙げましょう。せえの（ほぼ、意見は変化せず約半数ずつ）。 T　ひきょうだっていう人は、どの作戦がひきょうなの。 T　どうして、そう考えたの。まずは、○○さん。 C　私は、大造じいさんはひきょうだと思う。理由は、準備物を使って捕ろうとしたから。準備物を使うのはずるいと思う。	➡準備をしてガンを捕ろうとしていることを「ひきょう」の理由に挙げていたこの子を口火に話し合わせよう。 ➡この子は読者としての意見を述べている。

C　ええっ。

T　大造じいさんがひきょうなやり方をしたという意見をもう一人聞いてみましょう。△△さん。

C　○○さんと似ていて、大造じいさんはひきょうだと思う。理由は、タニシとかおとりのガンを使って命あるものを使ったり、しかけをしかけたり、小屋にかくれたりしているからです。

C　ええっ。

T　では、ひきょうでないという意見の人。○○君。

C　ぼくは、大造じいさんはひきょうじゃないと思う。なぜなら、今△△さんが言ったのは作戦で、作戦はひきょうなことではないから。

C　ぼくも同じで、大造じいさんも作戦を考えているけど、残雪だって知恵を使っているから、全然ひきょうではないと思う。

C　ぼくは、ひきょうという人に反論がある。大造じいさんはつかまえることが仕事なんだから、作戦がひきょうと言っていたら、つかまえることができないんじゃない。

ポイント

T　□□君が言ったことはどこに書いていたっけ。

ポイント

➡□□君が「ええっ。」と言っている。作戦の正当性を考えてるな。反論させたら他の子が言えなくなってしまう。もう少し待とう。

➡具体的にしてきたな。

➡そろそろ反論させよう。

➡まずは、作戦はひきょうでないと考えていた○○君だ。

➡そろそろ□□君に発表させよう。

➡狩人の設定に関わる発言だ。

C　はじめの場面に書いてあった狩人というところだと思う。狩人だから、ガンをとることが生きるか死ぬかだから、やっぱりひきょうじゃない。

C　それに、大造じいさんと残雪の戦いにルールなんてないから別にひきょうではないと思う。

T　ひきょうじゃないという人が多いね。でも、ひきょうだという意見の人もいるよね。◇◇さん、どうぞ。

C　「ウナギつりばり作戦」と「タニシばらまき作戦」はひきょうじゃないと思うんだけど…。

ポイント

T　ちょっと待って。作戦によってひきょうなものとひきょうじゃないものがあるの？

C　はい。

T　じゃあ、作戦ごとに教えて。「ウナギつりばり作戦」は。

（パー「ひきょうでない」という意見が多い。）

T　これは、ひきょうじゃないと考えている人が多いね。じゃあ「タニシばらまき作戦」は。

（パー「ひきょうでない」という意見が多い。）

T　これも、ひきょうじゃないと考えている人が多いね。じゃあ「ガンおとり作戦」は。

（グー「ひきょう」という意見が増える。）

➡狩人の設定についてつなげて考えている。

ポイント

➡この発言は、本文から離れてきている。別の視点からの発言を出させよう。

➡ここで、焦点化して考えさせよう。

➡予想通り、「タニシばらまき作戦」までは、ひきょうではないと考える子が多い。「ガンおとり作戦」に絞って話し合いを行わせよう。

T　「ガンおとり作戦」はひきょうなの。◇◇さん、なぜ。
C　「ガンおとり作戦」がひきょうじゃないんだけど…。
T　えっ、どういうこと。
C　その作戦がひきょうなんじゃなくて、あの銃をかまえたところがひきょう。
T　それって、どこに書いてある。
C　一二七ページの三行目に書いてある。
T　◇◇さんは、銃をかまえたところがひきょうと言っているけど、みんなはどう思う。ペアで相談して。
（ペアでの話し合い。）
T　それじゃあ、どう考えたか発表して。
C　銃をかまえた瞬間だけはひきょうかもしれない。理由は、残雪はおとりのガンを救おうとしているのに、そこをねらっているから。
C　ぼくも同じで、理由は何だか裏切っているような気がする。
C　銃をかまえた瞬間だけは確かにひきょうだと思う。理由は残雪が不利な状況をねらっているから。
T　不利な状況って。
C　大造じいさんとの勝負じゃない別の時に、銃で撃と

➡銃をかまえるところにに目をつけたな。

➡ここで全員に考えさせるためにペアで相談させよう。

➡みんなが気づき出したな。

➡残雪の置かれている状況に関わる内容が出てきたな。ここを詳しく聞いてみよう。

うとしているから。

T　その瞬間にねらうのはひきょうなの。

C　正々堂々としていない。

C　でも、もし撃ったらひきょうだけど、撃つのをやめたからひきょうじゃないと思う。

T　なるほど。○○君は撃つのをやめたから、それはひきょうじゃないという考えだね。

C　だって、「また堂々と戦おうじゃあないか。」って言っているから、ひきょうなことはしていないと思う。しそうになっただけ。

T　それは、どこに書いてあった。

C　大造じいさんの最後のことば。

T　なるほど。ここの言葉に堂々と戦うってあるけど、大造じいさんが考える「堂々と戦う」ってどういうことだと思う。ノートに書いてみましょう。

（ノートに自分の考えを書く。）

T　何人かに発表してもらいましょう。

C　大造じいさんが考える堂々と戦うとは、互いが知恵を出して戦うことだと思う。

C　ぼくも同じ意見で、知恵比べなんだと思う。

C　大造じいさんが考える堂々と戦うとは、圧倒的に大

⬇銃を下ろした理由に関わる考えだな。

⬇「堂々と戦う」をきっかけに大造じいさんのものの見方・考え方に迫らせよう。

造じいさんが有利な時に戦うんじゃなくて、平等な条件のときに戦うことだと思う。けがをしているときもだめだから、とらなかったんだと思う。

➡けがをしている場面にもつなげて考えているな。

本時では、大造じいさんのものの見方・考え方をとらえることがねらいですが、ひきょうかどうかという問いかけで手を挙げさせると、大造じいさんの考える「ひきょう」ではなく、読者としてひきょうと感じるかどうかを発言する子どもが出てきます。これは、発問のことばを「大造じいさんの考える『ひきょう』かどうか」とすることで回避できるでしょう。そして、最後のノートに書くときの指示では、「大造じいさんが考えた」ということを強調して書かせると、混同せず記述することができます。

最後の意見で、知恵比べという意見と、互いの状況についての意見が出れば、本時のねらいは達成できたと考えてよいでしょう。

この後、第3次では並行読書で読んでいた他の椋鳩十作品の中からおすすめの物語を選択し、「あらすじ」、「主題」、「作品の構成」（起承転結）、「人物関係図」「人物の変化」を入れた表現物を二時間をかけて作成させます。

この活動は、本単元を通して身につけた力を繰り返し使わせることによって、読みの方法の定着を図るねらいがあります。

【児童の作品】

今回、この表現物を書かせる際、それぞれの観点に対して次のようなステップを示して作成させました。

あらすじ・物語の構成

①「時」と「場」を視点に場面分けをする。
②「山場」（あることが大きく変化した場面）はどの場面かを決める。
③「山場」を頂点に配置した構造曲線を書かせる。
④各場面の出来事を「だれ（何）が」「どうした」の視点で一文にまとめさせる。
※可能ならば「時」「場」「他の人物」を書き加えさせる。

人物関係図

①登場人物を書かせる。
②登場人物の特徴（性格、年齢など）を書かせる。
③登場人物間に矢印と相手に対する見方・考え方を書かせる。

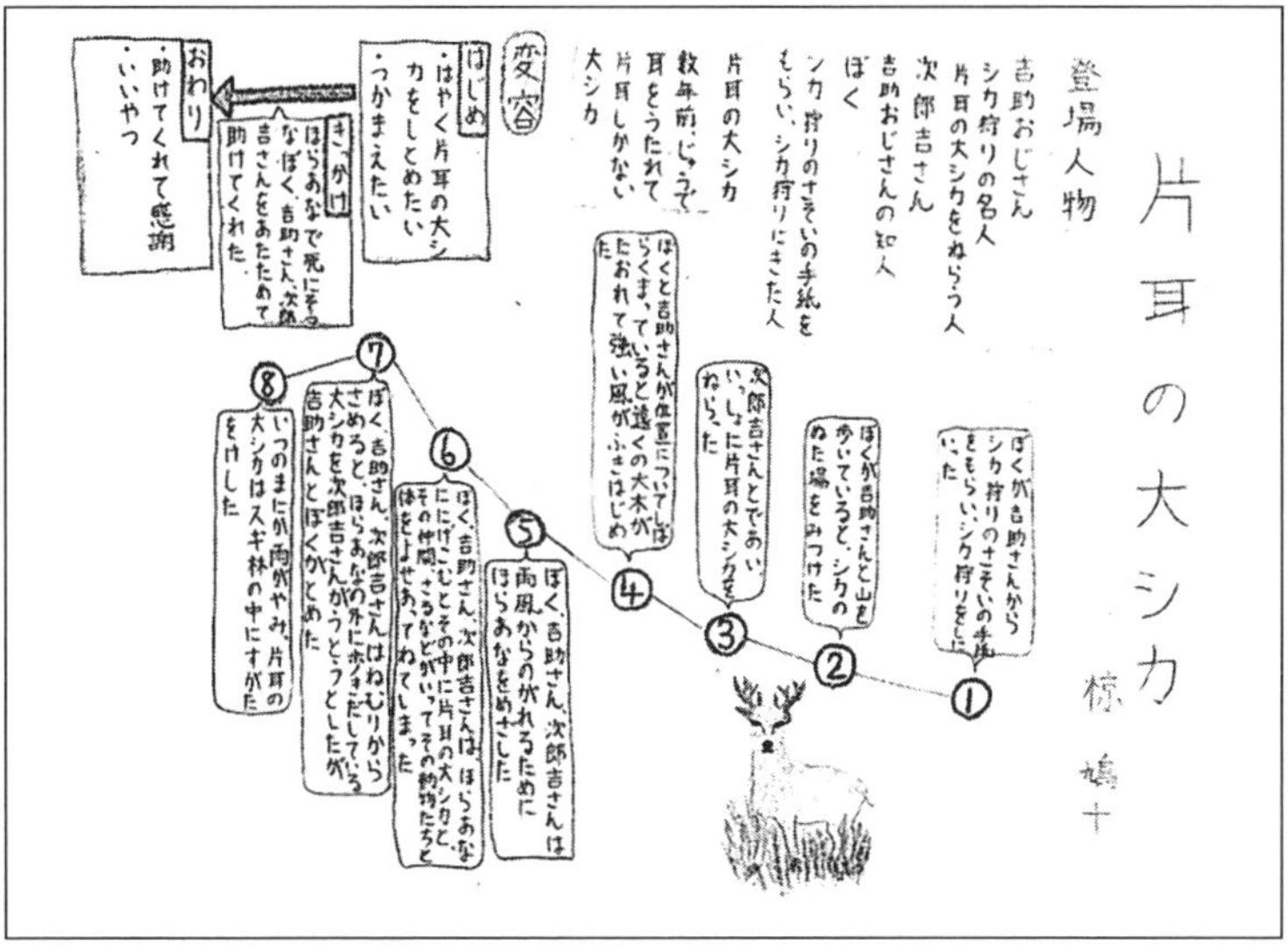

片耳の大シカ
椋鳩十
登場人物
吉助おじさん
シカ狩りの名人
片耳の大シカをねらう人
次郎吉さん
吉助おじさんの知人
ぼく
シカ狩りのさそいの手紙をもらい、シカ狩りにきた人
片耳の大シカ
数年前、じゅうで耳をうたれて片耳しかない大シカ
①ぼくが吉助さんからシカ狩りのさそいの手紙をもらい、シカ狩りをしにいった
②ぼくが吉助さんと山を歩いていると、シカのぬた場をみつけた
③次郎吉さんとであい、いっしょに片耳の大シカをねらった
④ぼくと吉助さんが位置についてしばらくまっていると遠くの大木がたおれて強い風がふきはじめた
⑤ぼく、吉助さん、次郎吉さんは雨風からのがれるためにほらあなをめざした
⑥ぼく、吉助さん、次郎吉さんは、ほらあなににげこむとその中に片耳の大シカと、その仲間、さるなどがいってその動物たちと体をよせあってねてしまった
⑦ぼく、吉助さん、次郎吉さんはねむりからさめると、ほらあなの外にホウりだしている大シカを次郎吉さんがうとうとしたが吉助さんとぼくがとめた
⑧いつのまにか雨がやみ、片耳の大シカはスギ林の中にすがたをけした
変容
はじめ
・はやく片耳の大シカをしとめたい
・つかまえたい
きっかけ
ほらあなで死にそうなぼく、吉助さん、次郎吉さんをあたためて助けてくれた。
おわり
・助けてくれて感謝
・いいやつ

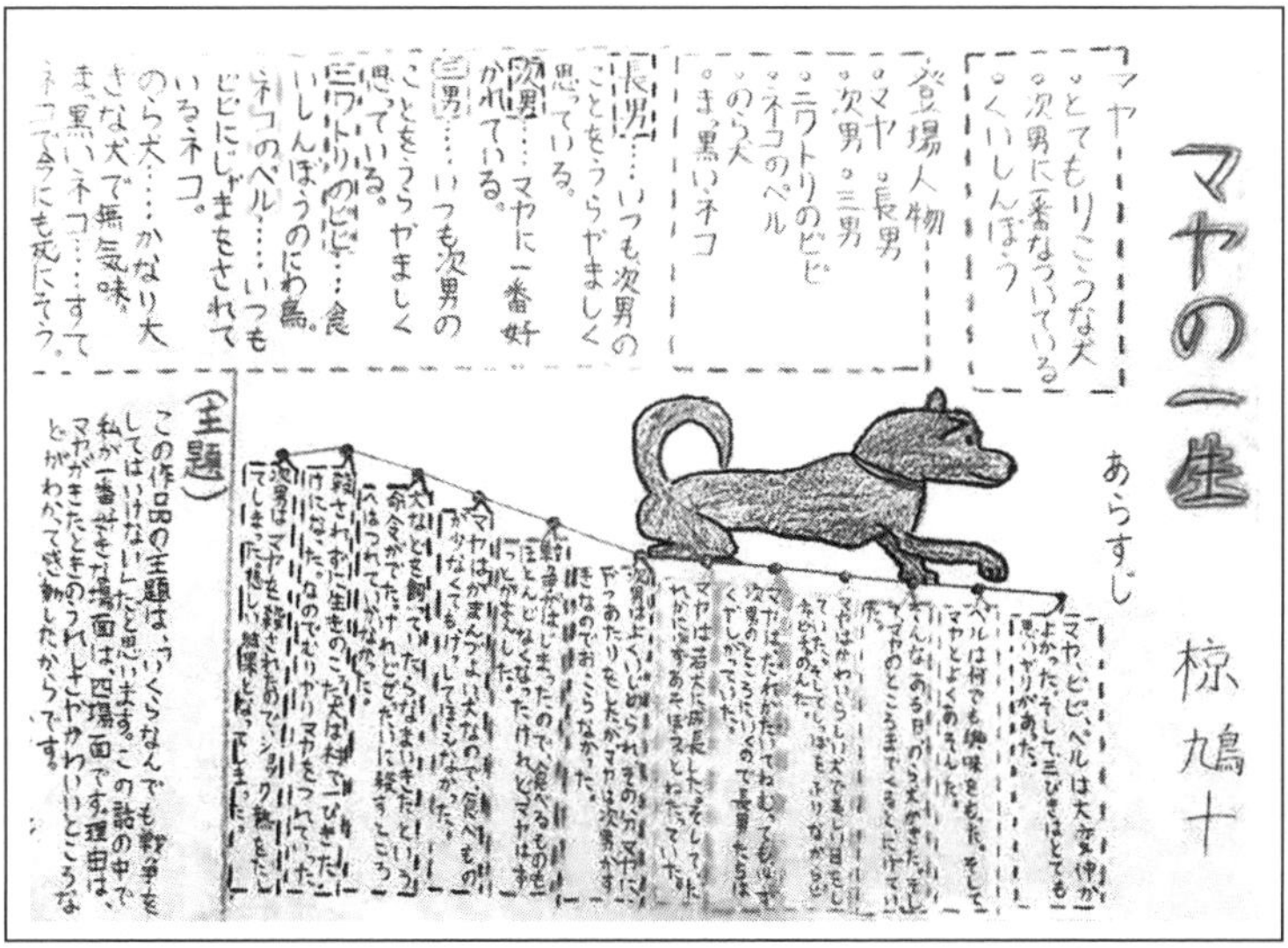

マヤの一生
椋鳩十
マヤ
・とてもりこうな犬
・次男に一番なついている
・くいしんぼう
登場人物
・マヤ ・長男
・次男 ・三男
・ニワトリのビビ
・ネコのペル
・のら犬
・まっ黒いネコ
長男……いつも次男のことをうらやましく思っている。

次男……マヤに一番好かれている。

三男……いつも次男のことをうらやましく思っている。

ニワトリのビビ……食いしんぼうのにわ鳥。

ネコのペル……いつもビビにじゃまをされているネコ。

のら犬……かなり大きな犬で無気味。

まっ黒いネコ……すてネコで今にも死にそう。

あらすじ
(主題)

この作品の主題は、「いくらなんでも戦争をしてはいけない」だと思います。この話の中で私が一番好きな場面は、四場面です。理由は、マヤがきたときのうれしさやかわいいところなどがわかって感動したからです。

人物の変化（変容）

①「変化する前」「きっかけ」「変化した後」の枠組みを書かせ、叙述から探して埋めさせる。
②叙述だけでなく、自分で考えたこと（解釈）も書き加えさせる。

主題

①物語を読んだ感想を書かせる。
②感想を短いことばでまとめさせ、そのことばにした理由を書かせる。
③「〇〇（登場人物）から学んだこと」を書かせる。
④主題を短いことばで書かせ、その主題とつながる叙述を書かせる。

それぞれの観点について以上のようなステップをふませて書かせます。児童によって、どのステップまで進むかは違います。そこから現在の児童の読みの力を知ることができますし、支援の方法を変えて指導することができます。

本活動の成果として二つ、課題として一つが挙げられます。

成果

①児童に読みの方法を繰り返し使わせることで定着を図ることができた。

②表現物を作る際の物語を児童に選択させることで、多読に導くことができた。

課題

①表現物の作成時、個人の学びだけとなってしまい、集団での学びを展開することができない。改善案として、同じ物語を扱う子どもたちでグループ学習をさせるなどの活動が考えられる。

おわりに

十年近く前、私が広島大学附属小学校に勤務していた頃、当時広島大学大学院の教授でいらっしゃった吉田裕久先生に研究授業についてご指導を仰ぐ機会に恵まれました。

私は、授業で取り扱う教材を決めかねていたのですが、ご指導いただく日も迫ってきたため、その学年で多くの先生方が実践研究される文学教材（「重要文学教材」）で指導案を作成しました。そして、吉田先生の元へお持ちしました。私は、実践をやり尽くされた感のあるその教材についてあまり面白さを感じていないこと、誰がどう読んでも同じような読み方になり、曖昧な感じで授業が終わってしまう気がすることを正直に吉田先生にご相談しました。

しかし、それは私の思い上がりでした。私の悩みに静かに耳を傾けていた吉田先生は、穏やかな口調で次のようにおっしゃいました。

「そんなことはありません。しっかりと読んでください。そうすれば、面白さがわかりますよ。」

私にとっては、過去に何度も子どもたちに指導した経験のある教材でしたが、吉田先生のご指導をきっかけに、改めて教材を読み直してみることにしました。それも、今までとは全く違う読み方で。指導者としてではなく、徹底的に読者として読みました。そして、自分の中で曖昧になっている部分や疑問に感じているところについて、文章中のことばをばらばらにしたり並べたりして考えてみました。

すると、今まで気づかなかった解釈が、私の中に生まれてきたのです。誰もが「当たり前」に感じていたイメージが違って見えるようになり、ぼんやりとした物語の世界が、一気に鮮明になりました。「読めたつもり」になっていた自分に気づきました。研究授業では、その場面を扱い、子どもたちにも私と同じような「見えなかったものが見える」体験をしてもらいました。

吉田先生にいただいたご指導をきっかけにして、私は教材を読むときの「視点」を学ぶことができました。教材の内容やその特性が読めるようになると、指導すべきことが明確になり、方法も決まります。(「決める」のではなく、必然的に「決まる」のです。)子どもたちの発言に対する私の聴き方も変わってきました。授業づくりにおける教材分析の大切さを改めて実感した次第です。この場をお借りして、ご多忙の中、いつも温かいご指導をくださる吉田裕久先生に心より感謝を申し上げます。

国語の授業づくりの難しさを感じている先生方は、全国にたくさんいらっしゃることでしょう。国語の授業づくりに悩んでいる先生方、国語の実践研究を志す先生方にとりまして、本シリーズとの出合いが、「見えなかったものが見える」きっかけになってくれればと願います。

最後に、本シリーズの出版にあたって、企画段階から温かい指導と励ましをいただいた明治図書出版の林知里様に深くお礼申し上げます。

立石　泰之

【監修者紹介】
実践国語教師の会

【編者紹介】
立石　泰之（たていし　やすゆき）
1972年，福岡県春日市に生まれる。東京学芸大学卒業。福岡県公立小学校教諭，広島大学附属小学校教諭を経て，現在，福岡県教育センター指導主事。全国大学国語教育学会，日本国語教育学会会員。全国国語授業研究会理事。

【著者紹介】
重廣　孝（しげひろ　たかし）
1984年，広島県三原市に生まれる。広島大学卒業。現在，広島県公立小学校教諭。
雑誌原稿として，『子どもと創る「国語の授業」』（東洋館出版社）『学校教育』（広島大学附属小学校学校教育研究会）への掲載。

国語科重要教材の授業づくり
たしかな教材研究で読み手を育てる
「大造じいさんとガン」の授業

2015年8月初版第1刷刊
2021年7月初版第6刷刊
©
監修者　実践国語教師の会
編　者　立石　泰之
著　者　重廣　孝
発行者　藤原　久雄
発行所　明治図書出版株式会社
http://www.meijitosho.co.jp
（企画）林　知里（校正）川村千晶
〒114-0023　東京都北区滝野川7-46-1
振替00160-5-151318　電話03(5907)6703
ご注文窓口　電話03(5907)6668
＊検印省略
組版所　株式会社カシヨ

Printed in Japan
ISBN978-4-18-195217-4